墨香财经学术文库

《民法典》物权变动模式的内在逻辑及其体系效应

以交易中的物债关系为视角

The Intrinsic Logic and Systematic Effects of the Property Rights Change Model in the Civil Code

A Perspective on the Relationship between Property Rights and Creditor's Rights in Transactions

陶密 著

U0810710

东北财经大学出版社 Dongbei University of Finance & Economics Press 大连

图书在版编目（CIP）数据

《民法典》物权变动模式的内在逻辑及其体系效应：以交易中的物债关系为视角 / 陶密著. —大连 ：东北财经大学出版社，2024.5
（墨香财经学术文库）
ISBN 978-7-5654-5249-9

Ⅰ.民… Ⅱ.陶… Ⅲ.物权法-研究-中国 Ⅳ.D923.24

中国国家版本馆CIP数据核字（2024）第082991号

东北财经大学出版社出版发行
大连市黑石礁尖山街217号 邮政编码 116025
网 址：http://www.dufep.cn
读者信箱：dufep@dufe.edu.cn
大连图腾彩色印刷有限公司印刷

幅面尺寸：170mm×240mm 字数：175千字 印张：12 插页：1
2024年5月第1版 2024年5月第1次印刷
责任编辑：李 彬 时 博 孔利利 责任校对：何 力
封面设计：原 皓 版式设计：原 皓
定价：62.00元

教学支持 售后服务 联系电话：（0411）84710309
版权所有 侵权必究 举报电话：（0411）84710523
如有印装质量问题，请联系营销部：（0411）84710711

作者简介

陶密，1985年生，辽宁大连人。

华东政法大学经济法学院法学学士（2004—2008），中国人民大学法学院法学硕士（2008—2010），大连海事大学法学院民商法学博士（2017—2021）。

曾任原国土资源部不动产登记局副主任科员、主任科员（2010—2017），现任东北财经大学法学院讲师。

主要研究方向：物权法、土地法。

前言

《中华人民共和国民法典》确立的财产权体系以物债关系为内在实质，因交易行为引起的物权变动实际上体现为物债关系的运行机制。因此，在物债关系的视角下对物权变动的内在逻辑予以梳理和重塑，对于以交易行为为主的经济生活具有重要理论和实践意义。始于罗马法，物债关系经历了从以对象区分，到以内容区分，再到以效力区分等历史演变过程，最终以绝对权和相对权的区分形式构建了《德国民法典》的财产权体系基础。我国《民法典》基本继承了《德国民法典》的衣钵，于总则编确立了绝对性物权与相对性债权的整体格局，并以此为体系逻辑确立了物权法定原则、物权公示制度以及债权形式主义的物权变动模式。但由于《民法典》在债权形式主义以外又承认了意思主义、混合主义的物权变动模式，导致不同物权变动模式下的物权变动的生效呈现差异化的决定性标志，物债关系及其运行机制亦随之发生根本性变化，突破了以效力区分的物债关系的既定轨道。本书即基于《民法典》确立的多元物权变动模式，对物债关系予以类型化分析，并对物权变动的内在逻辑予以重新审视，以期在物债融合的发展趋势下，研究形成《民法典》现有物权体系对新型财产权利的接受规则。

第一，在“债权形式主义+登记生效主义”的模式下，不动产所有权、不动产抵押权、建设用地使用权、居住权等物权变动的生效以买受人取得绝对效力的物权为决定性特征，物权以“绝对性”为本质属性，此时物债关系仍保持绝对权与相对权的区分界限，前述不动产物权以“绝对性”为本质属性。

第二，在“债权形式主义+交付生效主义”的模式下，因简易交付、指示交付、占有改定等观念交付的替代作用，动产物权变动的生效不以占有的现实转移为外部表现，仅以受让人实现自主支配状态足矣，此时动产物权以“支配性”为本质属性。由于直接占有与间接占有的分离，“支配性”物权的无权处分时有发生，立法为保护交易安全以善意取得制度做出特别规制，这为交付生效主义下物债关系的运行机制增加了无权处分的特殊方面，亦决定了动产善意取得应以交易行为、交易安全为正当性前提。

动产物权公示制度的权利外观基础不足，亦直接导致了法律对船舶、机动车、航空器等特殊动产物权采用混合主义物权变动模式，即在交付生效主义之上叠加登记对抗主义，使得特殊动产物权经交付或观念交付生效，但须经登记后方能对抗善意第三人。在交付生效的基础上，登记对抗为所有权人增加了对抗善意第三人的法定途径。此时，如果未办理变更登记，则赋予善意第三人以否定权，完全排除善意取得的适用空间。这构成了特殊动产所有权多重处分、特殊动产善意取得的内在逻辑。

第三，在登记对抗主义模式下，当事人只要就物权变动达成合意即可引起物权变动生效，但是未经登记仅得对抗知情第三人，此时买受人取得的物权以“对抗性”为本质属性。在基于意思主义的登记对抗主义模式下，以物权变动为目的的债权实际上与“对抗性”物权范畴发生重叠，后者经登记后即转化为具有绝对效力的物权。“对抗性”物权对以物权变动为目的的债权的包容，突破了物权法定原则下的物债关系运行的固定机制。就非典型担保而言，具有担保功能的合同已经突破了物权法定主义的类型化限制，可以由当事人自由约定，只要具有担保功能即可生效。虽然该合意未经登记不得对抗善意第三人，但足以支持担保物权人获得较一般债权人优先受偿的地位，这对改善营商环境、提高担保效率具有重要的促进作用，亦对物权法定原则下的物债关系具有颠覆性意义。

在法律特别规定的前提下，“对抗性”物权还可以包容其他内容的债权，如《民法典》中的将出租的债权式流转与入股等物权式流转一并处理，并将其流转的权利统称为“土地经营权”，导致其成为同时包含用益物权、租赁权两种权利类型的集合性概念，其立法目的是赋予土地经营权的租赁权（期限五年以上）以登记能力，为承租人提供物权化保护及融资担保的便利条件。

在物权债权化、债权物权化等物债融合趋势之下，物权的体系逻辑需要基于不同物权变动模式予以重新审视。其一，物权的客体特征已从有体性转向特定性，其客体范围已经跨越了动产与不动产，扩大至权利等可转让财产权益。其二，在不同物权变动模式下，无论物权的设立、变更或消灭以“绝对性”“支配性”，还是以“对抗性”为生效标志，物权变动生效的实质均为意定法效与法定法效的复合。意定法效在所有权中体现为所有权人支配其所有物的自由意志，而在他物权中则体现为所有权人与他物权人之间关于他物权变动的合意。法定法效统一体现为以登记或交付控制的法定的物上排他关系。其三，作为法定法效的控制手段，登记与交付实际发挥了权利划分作用。以“绝对性”“对抗性”为本质属性的物权，均以登记决定法定法效，统归为登记物权；以交付/观念交付决定法定法效的物权以“支配性”为本质特征，归为非登记物权。就登记物权而言，通过登记簿的强制格式化严格限制法定法效的固定机制已经过于僵化，登记对抗主义下的物权的意定法效与登记生效主义下的物权变动合意并无本质不同，因此当事人可以自主选择与物权变动相关的其他内容进行登记以获得对世性保护，以实现物债融合趋势下的物权体系的实质扩张。

陶　密

2024年1月

目录

1 引言

1.1 选题的背景和意义

我国《民法典》的财产权体系以物权和债权为主要构成，两者貌似泾渭分明，实则相伴相生——物权内涵的定位从来没有脱离债权的参照系，物权的外延亦一直以物债区分的标准作为边界坐标。因此，物权的本体论范畴以及物权变动规则，实际上以物权与债权的静态区分与动态转化为内在逻辑。[①]在我国多种物权变动模式下，物权与债权的区分与转化已脱离了传统物债区分理论的既有轨迹，体现为不同的区分与转化方式，使物权的整体定位处于一种不明朗，甚至是内在矛盾的状态。

首先，《民法典》以第一百一十四条、第一百一十五条、第二百零五条明确物权法的三个基础前提，即物权、物、物权法调整的客观范围

---

① 在理论上，本体论范畴是范畴的一种类型，是对物权的存在及其本质的认识和概括，反映物权是什么，不是什么，何以是此而非彼。张文显. 法哲学范畴研究［M］. 北京：中国政法大学出版社，2001：13.

是什么——此为在《民法典》中物权的第一种存在形态。其次，《民法典》第二百零八条以公示生效主义为物权变动的一般原则，总体上确定了物权变动以绝对效力的获得为生效标志，与之对应的物权以绝对性为本质属性——此为在《民法典》中物权的第二种存在形态，此时物权债权以效力为区分界限，债权通过登记或交付的公示机制转化为物权。最后，《民法典》在具体的物权类型上对“债权形式主义+公示生效主义”的一般原则进行了变通：一是在土地承包权、土地经营权、宅基地使用权、地役权等不动产用益物权，以及动产抵押权上采用了“意思主义+登记对抗主义”的物权变动模式；二是在动产物权的交付生效主义之外，允许当事人以简易交付、指示交付、占有改定等观念交付替代交付引起物权变动的生效，导致动产物权变动的生效并不均以占有的现实转移为外部表现，而仅以受让人实现对标的物的自主支配为必要。在前述变通情形下，物权的生效不以权利外观的转换为必要，与公示生效主义下的绝对性物权存在内在矛盾——以上为物权的第三种存在形态。可见，我国对于物权的形式定义与物权变动中的物权的实质范畴并没有达到和谐和统一，从而难以发挥其应有的统领和指引作用，需要结合不同物权变动模式下的物权的不同形态及其与债权的互动关系，对物权的范畴予以重新界定。

当前，在我国《民法典》的规范基础上，重新界定物权的范畴更具有深刻的现实意义：其一，在经济飞速发展的今天，物权债权化、债权物权化的现象不断突破财产权物债区分的传统格局，从而打乱了既有制度的体系和谐和内在逻辑，关于某项新型财产关系到底应归于物权范畴还是债权范畴的争论似乎成了理论上的必由之路，这样的现象背后需要首先解决存在法律制度内部的逻辑矛盾和法理冲突。其二，随着新的经济现象、财产关系的持续涌现，我国在立法和理论上一直缺乏一套立足于物权范畴的接收规则，这使得现有物权制度正面临着前所未有的冲突与挑战——是融合还是独立，是依循旧的框架还是创造新的规则，自始至终没有一个相对稳定的逻辑主线和衡量标准。其三，在不动产统一登记、动产及权利担保统一登记系统的技术支持下，为改善和优化营商环境，我国《民法典》在制度安排上呈现功能主义的立法倾向，在明确物权债权的区分与转化机制的基础上重新界定了物权的范畴，对物权体系以及公示制度的适度扩张和自我更新具有现实意义。因此，在现实挑战之下，物权制度的革新需要对传统的物权理论和既有的法制进行审视与反思，并在此基础上进行理论改造和制度升级，以扫清法律规范内部的逻辑矛盾和制度障碍，从而确保整个物权法律制度的体系和谐，以及相关法律机制的高效运行。

1.2 国内外研究综述

我国学界对物权范畴的理论研究以及著述十分丰富，但是以物权、债权的区分和转化为视角，且区分不同物权变动模式对物权的范畴分别予以确认的理论研究则较为鲜见。与本书密切相关的研究成果涉及物权的概念及本质、物债区分论的历史演变及我国的本土化改造、《民法典》物权编的制度安排、无权处分及动产善意取得、登记对抗主义的物权变动制度、物权法定原则、民法典物权编规定的综合评价等。具体而言：

关于物权的概念及本质，尚未发现根据不同物权变动模式对物权的本质分别予以考察的研究。金可可教授关于物债区分论的一系列文章，详细考察了在德国民法中与物权本质密切相关的支配权、绝对权、对物权等法律概念的历史形成及其经济社会背景，对本书具有重要的理论参考价值。[①]冉昊教授从不同历史阶段下的经济社会的现实需求切入，对物权债权的区分实质及其内在逻辑进行总结和梳理，亦对本书论证的展开具有基础性作用。[②]此外，常鹏翱教授从真实物权的角度对物权的本

---

① 金可可．论绝对权与相对权——以德国民法学为中心［J］．山东社会科学，2008（11）．
金可可．基于债务关系之支配权［J］．法学研究，2009，31（2）．
金可可．持有、向物权（ius ad rem）与不动产负担——论中世纪日耳曼法对债权物权区分论的贡献［J］．比较法研究，2008（6）．
金可可．对人权与对物权的区分理论的历史渊源——从罗马法的复兴到自然法学派［J］．私法研究，2004（4）．
金可可．论支配权概念——以德国民法学为背景［J］．中国法学，2006（2）．
金可可．债权物权区分说的构成要素［J］．法学研究，2005（1）．
金可可．私法体系中的债权物权区分说——萨维尼的理论贡献［J］．中国社会科学，2006（2）．
② 冉昊．论“中间型权利”与财产法二元架构——兼论分类的方法论意义［J］．中国法学，2005（6）：68-79．
冉昊．对物权与对人权的区分及其实质［J］．法学研究，2005（3）．

质进行了区分，与本书思路较为类似。《民法典》物权编以三类标准判断真实物权——分别为公示标准、事实标准和意思标准。其中，基于物权为绝对权的本质定位，在一般情况下物权采用公示标准判断真实物权；当法律有特别规定时，生效法律文书、征收决定、继承等直接导致物权变动的客观事实则成为真实物权的事实标准；而在法律允许的情况下，当事人之间的合意可以成为判断真实物权的意思标准。①

关于我国民法对于物债区分论的继承及本土化改造。其一，梅夏英教授以《民法上"所有权"概念的两个隐喻及其解读——兼论当代财产权法律关系的构建》《财产权构造的基础分析》等相关文章和专著对我国财产权制度的抽象构造及其法理矛盾进行了反思与检讨；其二，诸多学者对于我国民法所确定的绝对性物权本质表达了质疑或否定的态度，如温世扬教授强调物债区分的真正基础不在于绝对权和相对权的区分，而是支配权和请求权的区分。②马俊驹教授从物、财产、财产权概念出发，直接指出了大陆法系财产法在当代所面临的困境——就是绝对的所有权的概念系统难以适应财产关系的种类、形式日益丰富的经济社会现状。③其三，对于我国财产权制度的思想基础，孙宪忠教授指出，一百多年之前中国变法时继受的仅为潘德克顿体系的外在形式，而没有吸收其内在的思想基础，即法律人文主义思想。当今，作为市场经济基本法的民法，其有关规则体系的建构都应在逐步完善的过程中贯彻人文主义思想——这也预示着潘德克顿法学将在中国走向复兴 。④此外，王轶教授在"物权债权区分论的五个理论维度"一文中，将物权债权区分论类型化为五个理论维度，⑤对本书亦产生了重要启发作用。

关于对于物权编的制度安排以及物权体系的建构。温世扬教授从具体制度安排的角度，提出物权编的进步体现在担保物权竞存规则、抵押物转让规则的完善等方面，但在不动产物权变动立法模式的统合、物权

① 常鹏翱.《民法典》中真实物权的判断标准［J］. 浙江工商大学学报，2020（5）.
② 温世扬，武亦文. 物权债权区分理论的再证成［J］. 法学家，2010（6）.
③ 马俊驹，梅夏英. 财产权制度的历史评析和现实思考［J］. 中国社会科学，1999（1）.
④ 孙宪忠. 中国民法继受潘德克顿法学：引进、衰落和复兴［J］. 中国社会科学，2008（2）.
⑤ 王轶，关淑芳. 物权债权区分论的五个理论维度［J］. 吉林大学社会科学学报，2014（5）.

法定原则的缓和、动产让与担保制度等方面仍有待完善。[①]孙宪忠教授认为，我国《民法典》分则已基本确认继续坚持潘德克顿的体系模式，区分原则在物权编和合同编得以体现和贯彻，是我国立法科学性的显著进步。[②]温世扬教授则从历史沿革的角度，提出《民法典》在继受潘德克顿体系的基础上，通过在总则中对民事责任进行统一规定，对传统的债法进行了拆解与重构，人格权编的独立成编等编纂技术上的创新，对潘德克顿传统体系实现了扬弃。[③]

关于无权处分行为的效力问题。翟云岭教授认为，无权处分人订立的合同有效，主要是基于物权法的区分规则和债权的相对性本质，善意取得制度不能解决无权处分合同的效力问题。[④]吴国喆教授亦主张无权处分合同应为有效，善意取得制度为权利的非逻辑性变动提供正当性依据，解决的核心问题是无权处分下的处分权瑕疵，而对标的物的质量瑕疵及迟延交付等合同履行问题则鞭长莫及——这是善意取得制度的明显缺陷，而无权合同有效使得违约责任的救济成为补救上述缺陷的有效方式。[⑤]王利明教授亦坚持，为保护交易安全，如果相对人在缔约时是善意的，且支付了合理的代价，应当认为无权处分行为是有效的。[⑥]

关于善意取得的正当性基础及构成要件。彭诚信教授指出，欠缺处分权并不能导致合同无效，善意取得亦应遵循债权形式主义物权变动模式的内在要求，善意受让人取得绝对性物权仍需经过登记或交付等必要的公示过程。[⑦]王轶教授认为，作为物权变动模式立法选择的体系效应，我国立法应直接将动产善意取得作为依法律行为取得权利的一种方式。[⑧]蔡立东教授认为，善意取得本应成立于转让合同除欠缺处分权外

---

① 温世扬.《民法典》物权编的守成、进步与缺憾［J］. 法学杂志，2021（2）.

② 孙宪忠. 当前我国民法典分则编纂的几点思考［J］. 华东政法大学学报，2019（5）.

③ 温世扬，朱海荣. 中国民法典对潘德克顿体系的扬弃［J］. 苏州大学学报（哲学社会科学版），2020（4）. 温世扬. 中国民法典体系构造的“前世”与“今生”［J］. 东方法学，2020（4）.

④ 翟云岭. 再论无权处分合同的效力——为《买卖合同司法解释》第3条辩护［J］. 法商研究，2015（6）.

⑤ 吴国喆. 善意取得制度的缺陷及其补正——无权处分人与善意受让人间法律关系之协调［J］. 法学研究，2005（4）.

⑥ 王利明. 论无权处分［J］. 中国法学，2001（5）.

⑦ 彭诚信，李建华. 善意取得合同效力的立法解析与逻辑证成［J］. 中国法学，2009（4）.

⑧ 王轶. 动产善意取得制度一般规定立法化研究——兼评《中华人民共和国物权法》（草案）第111条［J］. 政治与法律，2005（5）.

无其他效力瑕疵的前提下，在原《合同法》第五十一条的限制下，若把转让合同有效作为善意取得的成立要件将会导致该制度的落空。因此立法的最佳选择是通过对登记或占有效力的特别规定，拟制受让人善意、占有保护或登记的公信力具有补足因无权处分而导致的物权变动原因基础的不足。[①]《最高人民法院关于适用〈中华人民共和国物权法〉若干问题的解释（一）》（以下简称《物权法司法解释（一）》）出台后，进一步明确将无权处分合同的效力与动产善意取得的适用相联系，但仅采用了受让人苛责性的考察视角，姚明斌副教授认为，《物权法司法解释（一）》第二十一条区分了合同无效的不同事由，若以债权形式主义物权变动模式进行观察，其反映了善意取得不以合同有效为必要的立场。

关于特殊动产混合主义物权变动模式下交付与登记的功能定位。首先，汪志刚教授认为，基于法律行为的特殊动产物权变动应区分不同权利类型适用不同设立的物权变动模式——所有权转让适用“交付生效主义+登记对抗主义”，抵押权设立采用“意思主义+登记对抗主义”，质权设立采用交付生效主义。其次，对于特殊动产物权变动公示方法的确定，[②]庄加园教授指出，对特殊动产物权变动采用登记对抗主义会引入与物债区分体系不容的“不完全所有权”的概念，需要创设一系列不必要的对抗规则，因此应将原《物权法》第二十四条限定于无权处分之下，仅重复体现原《物权法》第一百零六条的法律效果。[③]崔建远教授认为，原《物权法》第二十三条关于交付生效主义的规定对于各类动产物权的变动具有统领作用，因此特殊动产的物权变动仍应以交付为生效要件。[④]戴永盛教授认为特殊动产的物权变动以登记为公示方法，“未经登记，不得对抗善意第三人”实际上仅适用于动产的所有权让与的情形，且“善意第三人”原则上仅为善意取得物权或善意取得物权优先顺位的人。[⑤]王利明教授则主张登记和交付都是特殊动产

---

① 蔡立东. 转让合同效力与善意取得构成的立法选择——基于立法技术的考量［J］. 吉林大学社会科学学报，2006（2）.
② 汪志刚. 准不动产物权变动与对抗［J］. 中外法学，2011（5）.
③ 庄加园. 登记对抗主义的反思与改造：《物权法》第24条解析［J］. 中国法学，2018（1）.
④ 崔建远. 再论动产物权变动的生效要件［J］. 法学家，2010（5）.
⑤ 戴永盛. 论特殊动产的物权变动与对抗（上）——兼析《最高人民法院关于审理买卖合同纠纷案件适用法律问题的解释》第十条［J］. 东方法学，2014（5）.

物权变动的公示方法，且此类物权变动采用“交付生效主义+登记对抗主义”，并不等于交付具有优先于登记的效力，特别是在一物数卖的情形下，登记应当优先于交付。[①]冉克平教授亦赞同登记与交付同为公示方法，但两者具有不同的功能和效力——交付为物权变动的生效要件具有形成力，登记为物权变动的对抗要件具有对抗力。[②]

关于特殊动产多重处分的归属确定问题。有关学术研究主要集中于对《最高人民法院关于审理买卖合同纠纷案件适用法律问题的解释》（以下简称《买卖合同司法解释》）第十条的批判与修正的建议，如程啸教授认为，《买卖合同司法解释》第九条与第十条体现了在普通动产与特殊动产的多重买卖中标的物所有权归属的确定标准，既与法理不符，又与原《物权法》的规定存在冲突。[③]冉克平教授认为，《买卖合同司法解释》第十条忽略了当事人的意思要素，强制贯彻了交付优先于登记的规则，存在一定缺陷需要完善。[④]学者郑永宽则认为，原《物权法》第二十四条所规定的登记对抗效力问题，可以转化为无权处分中受让人的善意取得问题，未经登记的特殊动产所有权仍属完全所有权，只是在与信赖利益相冲突时应优先保护交易安全。[⑤]于海涌教授则通过对法国不动产登记对抗主义的比较法考察，提出虽然登记对抗主义具有便于统一登记效力、降低交易成本、加速财产流转等制度优势，但由于我国立法上优先权制度的缺位，对特殊动产物权变动采用登记对抗主义将导致当事人之间的利益失衡，不利于保护交易安全。[⑥]

关于《民法典》中担保制度的成长与突破。其主要体现为担保物权范围的扩张、规则的统一以及形式主义立法向功能主义转变等发展。例如，谢在全先生认为，《民法典》担保物权的对象范围总体上呈扩张的趋势——一方面，担保标的物由有形资产到无形资产、现有

---

① 王利明. 特殊动产物权变动的公示方法［J］. 法学研究，2013，35（4）.

② 冉克平. 论机动车等特殊动产物权的变动——兼析法释〔2012〕8号第10条的得与失［J］. 法学评论，2015，33（4）.

③ 程啸. 论动产多重买卖中标的物所有权归属的确定标准——评最高法院买卖合同司法解释第9、10条［J］. 清华法学，2012，6（6）.

④ 冉克平. 论机动车等特殊动产物权的变动——兼析法释〔2012〕8号第10条的得与失［J］. 法学评论，2015，33（4）.

⑤ 郑永宽. 论机动车等特殊动产物权的登记对抗效力［J］. 法学家，2019（4）.

⑥ 于海涌. 法国不动产登记对抗主义中的利益平衡——兼论我国物权立法中不动产物权变动模式之选择［J］. 法学，2006（2）.

资产到将来取得资产、固定资产到流动资产，另一方面担保债权自特定债权转向不特定债权；此外，在担保物权的内容上亦逐渐凸显契约自由的性格。[①]高圣平教授指出，我国《民法典》动产担保交易规则的设计体现了形式主义向功能主义发展的趋势，在动产担保过程中，登记对抗规则的统一适用，为一体化解释提供了制度前提。[②]学者纪海龙结合优化营商环境的立法背景，从动产和权利担保的功能主义，以及消灭隐形担保两个路径，对民法典中的动产和权利担保新规则进行了系统而全面的阐述。[③]刘保玉教授亦认为我国《民法典》借鉴了功能主义的担保物权立法模式，不仅拓展了担保合同的范围、明确了非典型担保的法律地位，而且改变了担保财产的描述方式、扩张了担保财产的范围，此外还统一了担保物权登记制度、完善了担保物权顺位规则，并对抵押权制度进行了重大修改。[④]龙俊教授则认为，《民法典》对我国的动产和权利担保相关制度进行了重大改革，从而对物权理论产生了深远影响：其一，证明了在物权与债权之间存在稳态的、有法律意义的中间状态。其二，修正了物权公示原则，应摒弃“全有或全无”式的表述，重新定义为“公示范围之所在，对抗效力之所及”。其三，修正了物权客体特定原则，即物权的客体并不要求一开始就特定，只要执行时特定即可。[⑤]此外，王利明教授“担保物权制度的现代化与我国《民法典》的亮点”一文亦对本书具有重要理论价值。

关于物权法定原则的刚性与柔性适用。刘凯湘教授在“物权法原则的重新审视”一文中，对物权法定原则的基本内涵、灵活性以及例外进行了深刻全面的阐述。[⑥]在物权法定原则缓和的最新发展上，杨立新提出《民法典》第三百八十八条规定了“其他具有担保功能的合同”的概念，实现了担保物权类型的缓和。[⑦]对于物权法定原则的缓

① 谢在全．担保物权制度的成长与蜕变［J］．法学家，2019（1）．

② 高圣平．动产担保交易的功能主义与形式主义——中国《民法典》的处理模式及其影响［J］．国外社会科学，2020（4）．

③ 纪海龙．民法典动产与权利担保制度的体系展开［J］．法学家，2021（1）．

④ 刘保玉．民法典担保物权制度新规释评［J］．法商研究，2020，37（5）．

⑤ 龙俊．民法典中的动产和权利担保体系［J］．法学研究，2020，42（6）．

⑥ 刘凯湘．物权法原则的重新审视［J］．中外法学，2005（4）．

⑦ 杨立新．物权法定缓和的绝处逢生与继续完善——《民法典》规定“其他具有担保功能的合同”概念价值［J］．上海政法学院学报（法治论丛），2021，36（1）．

和尺度，高圣平教授认为，物权法定主义之“法”应包括法律和行政法规，而物权法定的内容仅包括物权的种类和内容，禁止类推适用。[①]常鹏翱教授认为，从体系化的视角分析，物权法定原则的内涵具有高度的不确定性，不能跟上物权公示制度的变化，还阻碍了民法体系的开放，应在公示的基础上采用物权自由的立场，在立法技术上则要兼顾有名物权和无名物权。[②]梁上上副教授认为，可以把物权分为基础性物权与功能性物权，对于基础性物权应当坚持物权法定主义，而功能性物权则可由当事人自由创设，[③]从而对本书的研究起到了重要的引导和启发作用。

关于登记对抗主义的物权变动规则。龙俊教授认为，登记对抗主义下的绝大多数理论构造与我国所继受的物权法的理论体系冲突，只有权利外观说最适应我国的民法体系和立法目的，在登记对抗主义下，在当事人达成物权变动合意以后，进行转移登记之前，若第三人由于信赖物权尚未变动的权利外观而从事了交易行为，法律应保护其信赖利益，承认第三人在登记后可以善意取得该物权。[④]郭志京教授却提出了相反的意见，其认为登记对抗的本质是赋予第三人以否定他人物权变动的权利，而非自己取得物权，“不登记不得对抗”规则是交易便捷与保护第三人利益相平衡的结果，对当事人而言不登记就可能承担不得对抗的风险，对第三人而言则是调查义务的减轻。[⑤]

关于土地经营权的权利性质。学界主要存在三类观点：一是二元说，宋志红教授认为设定于土地承包经营权之上的土地经营权，五年期限以上的为物权，五年期限以下的为债权，设定于土地所有权之上的土地经营权根据其权利设定方式和实际权能判断其权利性质；[⑥]二是物权说，蔡立东、于飞等学者均认为，土地经营权是设立在土地承包经营权之上的新型次级用益物权，以权利用益物权作为法理支

① 高圣平．物权法定主义及其当代命运［J］．社会科学研究，2008（3）．
② 常鹏翱．体系化视角中的物权法定［J］．法学研究，2006（5）．
③ 梁上上．物权法定主义：在自由与强制之间［J］．法学研究，2003（3）．
④ 龙俊．中国物权法上的登记对抗主义［J］．法学研究，2012，34（5）．
⑤ 郭志京．“也论中国物权法上的登记对抗主义［J］．比较法研究，2014（3）．
⑥ 宋志红．再论土地经营权的性质——基于对《农村土地承包法》的目的解释［J］．东方法学，2020（2）．

撑；[①]三是物权化债权说，该学说以高圣平教授为代表，即在土地承包经营权纯化为具有身份性质的财产权的前提下，土地经营权应定性为物权化的债权。[②]

关于可登记财产的多元化发展。目前有关学术研究的观点总体上均支持进一步扩大登记财产的对象范围，但立论的角度又有所不同。苏永钦教授首先将物权界定为“关系权”的本质，并采用经济分析的方法，论证了交易主体可以依其需要自由建立对世性的财产关系的可行性。[③]常鹏翱教授认为，不动产物权占据了可登记财产的主体但非全部，与不动产物权有法律关联的债权或其他财产权均可具有登记能力。[④]张鹏教授则从物债二分的角度提出，特定物之上的物权与债权本质上均体现为人对于特定物一定程度的“支配力”，而是否得以经过公示而获得对世效力则取决于法律的政策安排或当事人的意思自治，因此应开放特定物的债权登记，登记后的债权应具有对抗任意第三人的效力。[⑤]叶金强教授则认为，在物权体系中不动产、动产的基础性划分因登记动产的出现而动摇，取而代之的应为登记物、非登记物之划分，作为物权体系展开的新格局。[⑥]

此外，本书在对物权、债权概念的历史起源进行考察时，主要采用了历史分析的方法，选取大陆法系罗马法-日耳曼法-德国法为研究的范本，亦参考了大陆法系，主要是德国民法的有关著作，对本书具有重要参考意义的著作包括江平著《西方国家民商法概要》，陈卫佐著《德国民法总论》，尹田著《法国物权法》，杜景林、卢谌著《德国民法典全条文注释》，陈卫佐译《德国民法典（第4版）》，张民安著《法国民法》；当论述罗马法、中世纪日耳曼法有关对物权和人权的区分时，查士丁尼著《民法总论》、周枏著《罗马法原论》、丁枚译著《契约之债与准契约之债》、戴东雄著《中世纪意大利法学与德国的继受罗马法》、桑

---

① 于飞．从农村土地承包法到民法典物权编：“三权分置”法律表达的完善［J］．法学杂志，2020，41（2）．

蔡立东，姜楠．承包权与经营权分置的法构造［J］．法学研究，2015，37（3）．

② 高圣平．承包地三权分置的法律表达［J］．中国法学，2018（4）．

③ 苏永钦．可登记财产利益的交易自由从两岸民事法制的观点看物权法定原则松绑的界线［J］．南京大学法律评论，2010（2）．

④ 常鹏翱．论可登记财产权的多样化［J］．现代法学，2016（6）．

⑤ 张鹏．物债二分体系下的物权法定［J］．中国法学，2013（6）．

⑥ 叶金强．登记物与非登记物之区分的法律意义［J］．现代法学，2010（4）．

德罗·斯契巴尼著《物与物权》、彼德罗·彭梵得著《罗马法教科书》、黄风著《罗马法词典》、李宜琛著《日耳曼法概说》等书都直观地提供了有关学说的发展历程。在论及文艺复兴时期对人权与对物权的有关概念，E.博登海默著《法理学：法律哲学与法律方法》、伯恩·魏德士著《法理学》，J.M.凯利著《西方法律思想简史》，康德著 *Metaphysical Elements of justice*，Richard Tuck 著 *Natural Rights Theories: Their Origin and Development*，Robert Feenstra 著 *Legal Scholarship and Doctrines of Private Law, 13th-18th Centuries*，Real 著 *Rights and Their Classification in the 17th century: the Role of Heinrich Hahn and Gerhard Feltmann* 等一系列文章，以及 Peter Stein 著 *Roman Law in European History* 等英文资料均提供了鲜活的理论视角。

1.3 问题的提出

我国财产权制度虽然继承了以《德国民法典》为代表的物债区分的基本秩序，但多种物权变动模式并存的立法选择体现出较强的折中主义特征，直接导致在不同物权变动模式下物权变动的生效呈现不同的决定性标志，物权与债权的区分与转化亦脱离了物债区分论的既有逻辑，本书旨在对以下方面的问题进行研究和讨论：

第一，关于物债区分实质的有关问题——物权的理论基础是物债区分论，物权范畴的产生和演变与物债区分论的发展历程实为一体，因此物权概念的定位一直以物债关系为逻辑起点，物权概念外延的划定亦以物债区分的标准作为定义的边界坐标。那么在大陆法系发展的历史长河中，物权与债权的区分实质经历了怎样的演变过程？其现实和理论基础是什么？其演变是否存在某种内在的逻辑主线？

第二，关于物权范畴的问题——我国物权法体系是以物权为核心范畴设置的，故物权范畴的界定，决定了哪些权利类型和法律关系可以纳入物权法的调整范围，适用物权的权利运行规则和配套制度。《民法典》对于物权的形式定义应与物权变动的生效规则存在内在一致性，共同反映物权的本质与范畴。因此，物权变动模式与物权范畴具有何种内在联系？在不同的物权变动模式下，物权的范畴是否完全相同？如果不是，其差异表现在哪些方面？这些差异对于物权与债权的区分与转化有什么实质影响？在这些差异之上，是否存在某种更为抽象的内在一致性，重新构成了物权的范畴？

第三，关于动产物权变动的一系列问题——由于简易交付、指示交付、占有改定等交付替代方式的出现，处分权的实质与动产物权的公示外观的错位时有发生，法律基于保护交易安全的价值判断做出特别规制，使得缺乏正当处分权源的债权亦得转化为物权，这亦是反映物债关系以及物权范畴不可或缺的角度。法律在满足哪些要件时才足以切断真实权利人的物权追及效力？动产善意取得的正当性基础和适用边界是什么？在采用混合主义物权变动模式的特殊动产的多重处分中，债权与物权的区分和转化机制与一般动产物权有何不同？登记与交付到底发挥了何种作用？两者的功能与定位分别是什么？

第四，关于登记范围扩张的有关问题——近年来，《民法典》以及有关单行法将越来越多的动产物权、可转让的财产性权益纳入登记范围，摒弃占有或交付而采用登记为表征方式，登记制度开始脱离仅作为不动产公示方法的狭隘定位，被赋予了相对独立的制度价值。那么登记范围的扩张与物权法定原则是否存在冲突？登记范围的扩张在用益物权、担保物权制度中有哪些具体体现？这对物权的基本范畴产生了哪些实质影响？未来的物权制度的重心和发展趋势是什么？

1.4 研究方法

1.4.1 历史分析法

本书在物债区分论的历史演变部分主要采用了历史分析法。自罗马法以来，物权概念的发展一直蕴含于物债区分说的历史之中，本书即从物权债权区分论的历史形成出发，研究物权（对物权）本质及概念的演变历程。无论是罗马法上、日耳曼法上的对物之诉，还是从注释法学派到潘德克顿法学派逐步建立完善的物权概念及其理论，都有其特定的历史条件和理论前见，并呈现承前启后的发展脉络，需要以历史分析的方法从中摸索物权概念发展的内在线索及逻辑演变，为本书其他章节的具体展开做好前置性研究和理论铺垫。

1.4.2 比较分析法

比较分析法是本书比较常用的研究方法之一，因为从《民法通则》到《物权法》，再到《民法典》，我国的物权制度广泛借鉴了其他大陆法系国家的立法成果，物权的有关制度设计都可以在《德国民法典》《法国民法典》《瑞士民法典》《日本民法典》中找到渊源。其中，《德国民法典》是潘德克顿法学的经典立法成果，在其确立的财产权秩序中物权与债权得到了最为彻底的区分，一方面物权的本质定位为绝对性物权，另一方面，其物权形式主义的变动模式实际采用了物权行为的无因性理论，从而体现了物权行为与债权行为的区分。而《法国民法典》则代表了另一种完全不同的立法模式，在“意思主义+公示对抗主义”的物权变动模式下，物权与债权仅体现为一种相对的区分，物权在这样的制度体系下亦脱离了绝对权的固定范畴。可见，不同国家的物权制度，均有内在的制度和谐性和理论自洽性。因此采用比较分析法，研究和对比各国民法典中的物权实质与物权变动模式的内在联系，更有利于准确定位我国物权本质以及物权变动制度的内在逻辑，亦更有利于发现我国混合主义物权变动制度存在的法理冲突及矛盾之处。

1.4.3 规范分析法

通说认为，我国民法理论总体上将物权与债权的区分建立在绝对权与相对权的区分论之上，继受了德国民法中的绝对性物权概念，但我国《民法典》在具体物权的变动模式上并未沿袭德国民法的物权形式主义，而采用了以债权形式主义为原则，意思主义及混合主义为例外的多元物权变动模式，这种“形似而神不似”的物权变动制度导致我国《民法典》所确立的绝对性物权概念失去了相应的规范基础。而目前对《民法典》的解释论多以绝对性物权为基础概念，导致理论与制度之间无法实现有效衔接。因此，需要采用规范分析法，就我国《民法典》的有关规定进行研究和分析，重新对于不同物权变动模式下的物权本质进行审视与定位，以实现理论和制度上的内在和谐。

1.4.4 价值分析法

任何立法选择和制度设计均有其背后的价值衡量，因此价值分析法是本书的重要研究方法之一，主要体现为：其一，如在第3章“物权抑制论”部分，法律通过设置动产善意取得制度对物权追及效力的强制切断，其根源就在于牺牲真实权利人的“静的安全”，以保护善意受让人的“动的安全”的价值取舍。其二，在车辆、航空器、船舶等特殊动产的多重让与中，《买卖合同司法解释》第十条饱受诟病的根源即在于强制性地贯彻了交付优于登记的规则，而忽略了在不同情形下当事人之间的利益平衡以及法律保护目标的价值判断。因此，完善第十条的建议亦应以价值判断为基点展开。其三，在可登记财产的多元化发展上，对于特定物之上的债权纳入登记范围的可行性探讨，亦离不开其背后的价值分析，可登记财产的范围扩张应有利于经济发展和交易效率的提高，其扩张应为一定限度内的适度扩张，违背前述价值目标的扩张应被否认。

2 物债关系的历史形态

在历史的洪流中，从查士丁尼的《民法大全》直到一部真正意义上的现代民法典，制度理念的经历光怪陆离，但向前迈出的每一步都可以看作是追随前人的步履自然而然地取得的进展。[①]在财产法体系中，物权与债权共同组成了财产权利体系的二元架构，在以德国民法为代表的形式主义立法中，物权的发展和起源，其实就是物债区分论的发展历程——物权与债权表面泾渭分明，实则相伴相生，物权内涵的定位从来没有脱离债权的参照系，物权外延的划定，亦即以物债区分的标准作为边界坐标。近代法意义上的物债区分论依托萨维尼的主观权利理论，在以意思支配领域为本质的权利概念之下，债权才得以脱离物权的范畴而获得独立的地位。

① 沃森．民法法系的演变及形成［M］．李静冰，姚新华，译．北京：中国政法大学出版社，1992：193．

2.1 对象标准之下的物债关系：对物之诉与对人之诉

2.1.1 “行为—对象”结构下对人权与对物权

概括而言，自罗马法直至自然法学派时期，在这漫长的几个世纪中，物权债权一直是以对象为区分标准的。其发展又可分为两个阶段。

第一个阶段是物债区分论的萌芽阶段，包括罗马法上对物之诉和对人之诉的诉讼格式划分，以及中世纪日耳曼法的多种物权性实践。这一阶段尚未形成相对完整的权利概念，物权实际上依附于对物之诉存在，此时对物之诉主要是针对有体物的纠纷而提起，依其生效判决得以强制执行，并对抗其他一切占有人的诉讼；对人之诉是针对债的纠纷，判决结果只对特定相对人生效而不能强制执行。[①]对人之诉与对物之诉两种诉讼格式及其保护权利的区分，对于后来物权债权划分的形成，既铺垫了必要的理论和实践基础，又构成了后续思维发展的路径依赖和前见限制。[②]

第二个阶段由罗马法复兴运动至近代自然法学阶段，基本形成了对物权与对人权的二元划分。这一时期，权利概念开始转变为一个普遍的名词，人们不再直观地通过财产物客体来认识社会，而是致力于用权利话语作为中介转向主体的角度整理认识头绪。[③]这一阶段对人权与对物权的区分沿袭了罗马法阶段的认识，依旧以对象为区分标准。值得一提的是，在萨维尼提出主观权利概念以前，法律关系尚未抽象为“主体—权利—客体”结构，财产或物在逻辑上与“人”直接联系，成为人拥有或支配的对象，在这种体系下，因为没有与民事权利的联结，并不存在独立的客体概念，财产或物成为立法直接规制的对象，所以从当代法学术语的角度出发，对物权与对人权的区分标准在严格意义上应为“对象”而非“客体”。

---

① SMITH.Property as the Law of Things [J]. Harvard Law Review, 2012, 1691: 125.
② 冉昊. 论“义务人的知晓”对物权/债权二元区分的改善 [J]. 法学, 2015 (3): 127.
③ 冉昊. 论“义务人的知晓”对物权/债权二元区分的改善 [J]. 法学, 2015 (3): 128.

2.1.2 权利对象为物债关系之实质界限

从最初的罗马法，到文艺复兴时期的注释法学派，再到其后的自然法学派，尽管对物权和对人权在内涵和外延上随着历代法学学者的理论学说不断变化着，但以对物之诉和对人之诉作为其区分的外在形式，似乎成了区分对物权和对人权的一条相对恒定的逻辑主线。对物权的概念似乎亦可归结为一个相对稳定的定义——只有能够针对一切占有人提起对物之诉的权利——才能称为对物权。学界并未止步于此，而是针对对物权与对人权区分展开了更为深层次的思考，如十九世纪初发生了关于对人权与对物权、对人之诉与对物之诉的论战。这一论战虽然先以这两种权利及这两种诉讼之间的关系问题作为开端，却最终指向了更具理论意义的对物权和对人权的判断标准和实质问题。其中，以蒂堡为代表的肯定派，坚持主张以对人之诉和对物之诉作为对人权与对物权的判断标准，但仍反对将对物权与绝对性混为一谈，理由是存在着“不能针对任何占有人提起的对物之诉”。以费尔巴哈、温特霍兹拿为首的反对派，则坚决反对以“诉”作为判断两种权利的标准，虽然在对物权的定义上，仍然强调对物权在其特定对象上所具有的针对一切人的效力。但费尔巴哈认为，对物权的权利行使的行为特征，而非权利的效力，才是对物权的实质。温特霍兹拿亦强调对物权的根本特征为对物的处置，其本质上体现为一种人对物的关系，而作为对人关系的绝对效力则仅仅是作为根本特征的对物关的后果。[①]对此，19世纪中期瓦锡特（Wachter）和温格（Josef Unger）亦指出，把绝对性当作物权的标准，“是以所产生的效果代替了引发此种效果之原因，从而混淆了对物权和绝对权这两种截然不同的概念”。[②]可见在这个时期，理论界已经就物债区分的实质标准到底是“权利的行为特征”还是“权利的效力”进行了十分深入的研究和讨论。[③]

在萨维尼提出系统的主观权利理论之前，财产权利的作用机制体现

① 金可可．论支配权概念——以德国民法学为背景［J］．中国法学，2006（2）：70.
② 金可可．论支配权概念——以德国民法学为背景［J］．中国法学，2006（2）：69.
③ JONES G L，TUCK R．Natural Rights Theories：Their Origin and Development［J］．American Politicalence Review，1979，74（4）：1073.

为单一的“主体—对象”关系，对物权反映的是以有体物为对象的人与物的关系，对人权反映的虽然是人与人之间的关系，但事实上对人权中所指向的“人的行为”亦是作为无体物存在，亦未脱离物的范畴，故对人权的本质结构仍是“主体—对象”。因此，在物包含有体物和无体物的前提下，对人权和对物权之上其实还存在一个更为宽泛的“所有权”之上位概念，即相当于“财产权”的概念。在“主体—对象”的法律关系中，由于缺乏主观权利的作用机制，主体是直接作用于权利对象的，故康德才将对物权定义为“人对物的占有”，而对人权为“人对他人意志的占有”。因此，对物之诉是对物权得以对抗任意第三人的唯一效力来源，其内在法理在于：对物之诉针对的物是可见、可触摸的有体物，则无论标的物辗转于何处，判决中的权利人均得依此收回该物，这就意味着关于该有体物的生效判决对任意第三人都有约束力。相对而言，人的行为则不具有这样的可控性和可追溯性。可见，物的有体性衍生出诉讼的追及效力，再由追及效力产生了诉讼所保护的权利的对世效力。换言之，只有对实体物的权利才能发展为对世的效力，对人的行为的权利因为只能针对特定人而只能具有相对效力。所以，对物权与对人权在效力上的区别，本质上仍是由其对象——有体物和无体物——的区别所决定的，因此，物的有体性，才是对物权内在物权性所在，是对物权概念的根本属性。换言之，对物之诉与对人之诉的区分，只是对物权性与债权性区分的表现形式，而其区分的内在实质，仍旧是物与行为的对象区分。

2.2 内容标准之下的物债关系：对物权与对人权

2.2.1 与物债区分相关的理论基础

一般认为，近代民法学源自19世纪德国的“潘德克顿法学”（Pandekten wissenschaft），而“潘德克顿法学”的理论基础又源于历史法学派的代表人物萨维尼（Friedrich Carl von Savigny）。在萨维尼的众多理论成果中，与物债区分有关的有法源论和法律关系理论。

首先，萨维尼对一般的法的成立原因作了详细的阐述，并提出了为后世所广泛论证的命题：法是民族精神的体现，法源自民族精神。萨维尼认为一般的法或实际通用的法，在性质上属于“实定法”，其产生于在每个个体成员思想中生存着、活动着的民族精神。因此实定法并不取决于民族中的部分人或特定人的意志，而是由整个民族的共同意识所决定的。从这个角度而言，实定法就是民族精神的具体形式，而民族精神实际上是普遍的人类精神固定于某一民族上的表现方式。[①]萨维尼指出，按照上述对实定法本质的理解，现代罗马法[②]的法源主要包括三大类：法律（立法）、习惯法和学问法。至此，萨维尼将习惯法纳入了法源的范畴之内，并主张研究、探讨法的精神和本质必须从古代历史上的民族习惯入手。萨维尼的法源论突破了以往的学术观点，因为私法的法源问题，特别是习惯法是否可以作为法源的问题，但大多数观点持否定态度。

其次，萨维尼对于私法体系，特别是财产权体系所作的学术贡献，其理论基础主要是其法律关系理论。萨维尼认为，人为了生存和生活必然与他人产生各种各样的关系。为了使人在这些关系中既能享有发展的自由空间，又不能损害他人的自由空间，需要由法律规范的人与人之间的关系——就是法律关系。因此，法律关系的本质，就是划定个人的意思所能独立支配的范围。萨维尼认为，意思支配的对象涉及三类，即本人、无自由意思的自然以及他人。据此可以将所有法律关系分为三类：第一类是人自出生起就拥有的权利，它在人的生命期间内是不可剥夺的，一般称为“原权”，赋予人思想的自由以及不可侵犯性等。与原权相对应的，是后天从他人处获得的权利，其主要反映后两类法律关系，即第二类人与自然的关系和第三类人与他人的关系。其一，在人与自然的关系中，可以为人所能够支配的那部分自然界，称为“物”。人对物的权利就是所有权，属于人对物的、纯粹的单一的支配关系。其二，在人与他人的关系中，对他人的某种特定的行为拥有权利的情形，法律上即体现为债权。可见，在萨维尼的理论体系中，债权和所有权本质上均

① 何勤华．近代民法学之父萨维尼述评［J］．法学家，1996（2）：75．
② 现代罗马法，是指由中世纪后期复兴，并成为德国等西欧国家的普通法的《国法大全》，它影响了近代社会的法律生活，也导致了一系列近代法典的出台。

体现为个体的主观意思配于外界某部分，只是支配的对象不同而已。此外，债权与所有权之间还具有内在的实质联系，具体表现为：第一，通过对债权进行金钱评价，可以使债权转换成为所有权，即债权的可转让性；第二，最普遍最重要的债权，都是以取得所有权或一时利用所有权为目的。萨维尼将这些关系的总体称为财产，将关于财产的所有法律关系称为财产法。①

萨维尼还认为，人与人之间的关系除了财产关系以外，仍需要两方面补充。一是婚姻关系；二是生殖、子女的扶养以及死亡后财产的继承问题。在此基础上形成了调整夫妻、父母子女、家庭和亲戚等关系的法律体系，从而构成了又一个法律部门——亲族法。这样，萨维尼根据法律关系的类型，构建了三个法律部门：亲族法、物权法和债权法。②

2.2.2 萨维尼提出物债区分论的理论路径

作为历史法学派的代表人物，萨维尼提出的物权债权区分论却是以自由理念为基础，通过预设拥有自由意思的人格主体来建立物权与债权的区分秩序，从而具有强烈的人文主义色彩。这是因为萨维尼认为，实定法的法源是固化于实定法中的民族精神，而在民族精神中普遍的人类精神或普遍要素就是人的尊严和自由。

首先，萨维尼论证了主观权利、法与法律关系三者之间的逻辑关系，构建了以权利为核心的法律关系框架。围绕主观权利“由其意思所支配的独立领域”的核心定义，法律规则是确定权利界限的规则，法律关系则是由法律规则所规定的人与人之间的关系，其本质就是反映个人自由空间的领域。因此，法律关系其实是权利在现实中的反映，而法律规则之所以要规定法律关系，其最终目的在于确定个体的主观权利。主观权利、法律规则、法律关系三者间，类似于本质、介质、现象的关系，在现实世界和法律世界之间搭建了完备的、富有生命力的逻辑

① SELLERS M N S. Legal Scholarship and Doctrines of Private Laws, 13th-18th Centuries [J]. American Journal of Legal History, 1998, 42 (1): 89-90.

② 金可可. 私法体系中的债权物权的区分说——萨维尼的理论贡献 [J]. 中国社会科学, 2006 (2).

联系。

其次，围绕权利的支配性定义，萨维尼根据意思可支配的客体作为区分标准，对法律关系进行了分类，从而论证了物权和债权区分的正当性，在新的理论基础上建立了近代意义上的物权债权区分说。在萨维尼理论的视角下，财产权（包括物权与债权）本质上都是按个人意思所支配的领域。其中，物权毫无疑问是人对物的一种支配权；而债权，亦是以对他人特定行为的支配为内容，且该行为体现为来自人格又具有类似于物的经济价值的行为。但在康德的自由理念之下，这种对人行为的支配因为不能具有强制性而柔化为“请求”。由此，债权与物权在客体上的区别，转化请求权与支配权的区别——两者的差异实际是权利作用方式上的区分。

最后，萨维尼由物权与债权的区分，引申出了绝对权与相对权的区分。萨维尼同样认为，物权与债权区分的可靠标志是对物之诉或对人之诉。而对物之诉可以对抗一切第三人，其对象范围是不特定的；而对人之诉的相对人是特定的第三人。至此，按照相对人范围的不同，可将权利分为两大类，一是对抗一切人的权利，包括物权与继承权；二是对抗特定个体的权利，包括家庭权与债。此外，萨维尼吸收了康德以及胡果的学术成果，正式引入了物权行为理论，以作为彻底分离债法与物法、债权与物权的工具。

因此，在事实上萨维尼分三个层面提出了债权物权区分理论：物权与债权区分的第一个层次是支配权与请求权的区分；第二个层次是绝对权与相对权的区分；第三个层次是物权行为与债权行为的区分。萨维尼的债权物权区分说被认为是现代债权物权区分说的完整形态。[①]但萨维尼在区分的前提下又承认物权与债权之间存在有机联系。因为在法源论和民族精神论之下，萨维尼认为物权与债权的法律关系存在某种精神共通性，因此实证法没有必要划定物权与债权的绝对区分界限，而应承认现实中的两者相互影响和转化，并由此呈现出的各种内在关联的形态。

---

① 金可可．物权债权区分说的构成要素［J］．法学研究，2005（1）：22.

2.2.3 权利内容为物债关系之实质界限

如前所述，在对物权与对人权划分的基础上，萨维尼以“基于自我意思之权利体系”为基础，从“个人意思的支配领域”分别确立了物权和债权的法律关系，即物权是“人对物的支配关系”，而债权是针对“其他人格的具体行为的支配关系”。但由于人作为他人意思直接支配的对象违反了自然法精神，故在债权债务关系中意思支配的构成，必须考虑不损害债务人自由人格的支配方法，[①]因此对他人行为的“支配”因丧失其强制性进而柔化为“请求”。换言之，债权与物权在客体上的区别，引起了权利行使方式的差异，最终体现为请求权与支配权的区别。此时，法学界开始逐渐将物权的本质置于“人对物的直接关系”之上，而“将权利人与其他人之间的关系”作为非本质的东西，并在此判断之上提出了“物权性（Dinglichkeit）”和“绝对性（Absolutheit）”相区分的学说。[②]“物权性”即物权的本质特征，或者说是判定某一项权利是否为物权的标准。物权虽然在通常情况下以绝对权的形式存在，但物权的这种绝对性仅是其物权性的效力，而非物权的原因和判定标准。由此可以进一步得出如下结论：一是权利的绝对性不等于物权性，并非一切具有绝对性的权利就是物权。二是既然绝对性是物权性的结果而非原因，因此当具有物权性的权利如果在例外情况下不再具有绝对性时，其仍可作为物权存在。[③]

物债区分论体现为支配权与请求权区分的历史性转变，既有近代自由经济发展作为经济基础，又有人文主义思想作为上层建筑：首先，土地作为最为重要、最为基础的生产生活资料，自由资本主义经济繁荣发展要求其从封建所有制的束缚中解放出来，能够作为独立的商品所有权进入市场流转，实现法律制度由“所有关系”为主向“流转关系”为主的转变。其次，物权与债权区分的最终形态也符合自然法的理性逻辑。经济基础决定上层建筑，为了适应自由资本主义的经济发展需要，文艺

① 王茵．不动产物权变动和交易安全：日德法三国物权变动模式的比较研究［M］．北京：商务印书馆，2004：42.

② MERRILL，SMITH.Optimal Standardization in the law of Property：The Numerus Clausus Principle［J］．110 Yale Law Journal1，2000：43

③ 金可可．论支配权概念——以德国民法学为背景［J］．中国法学，2006（2）：73.

复兴时代个人本位思想盛行，强调人权、平等、自由的意识形态成为主流。在这样的思想潮流下，任何个人都享有其独立的人格主体地位，人的行为不具有类似于有体物的法律意义，不能作为服从于他人支配的对象。这样，只有物品等有体物才可成为法律上直接受人支配的对象，自然法要求所有权的法律关系仅限于对物的支配关系本身，任何人与人支配的关系在价值判断上均被认为是不合法、不理性的。这促使债权从本来附属于所有权的法律范畴中分离出来，不再适用“物法”或“所有权法”的规则和逻辑。

2.3 效力标准之下的物债关系：物权与债权

2.3.1 社会本位的立法背景

随着西方世界由自由资本主义阶段进入垄断资本主义阶段，贫富差距拉大，战争、经济危机频发，各种社会矛盾突出。为缓解尖锐的社会矛盾，国家运用大量法律和行政手段干预经济和社会生活，从而产生了一系列劳工法、环境法等社会立法，被称为“法律的社会化（socialization of law）”现象，法律由自由资本主义时期倡导的个人本位转向社会本位，在自由资本主义时期至高无上的私人财产权亦要服从代表社会整体的公共利益与交易安全，强调自由平等的私法也呈现出具有秩序性、强制性的公法化趋向。[①]

在如此背景下，民法界对物权债权区分的认识亦发生了重要变化。物权债权区分论的最终确立，是由十九世纪的潘德克顿法学完成的。[②]潘德克顿法学（Pandekten wissenschaft）诞生于德国，Pandekten本意为古罗马《学说汇纂》，其代表人物温德沙伊德（Windscheid）试图在罗马法的诉权中发现一种“权利人能否向他人要求什么”的表现，即将诉权的实体法一面作为请求权加以把握。[③]这样通过构建“义务”和“请

① 梁上上. 公共利益与利益衡量［J］. 政法论坛，2016，34（6）：3.
② 王茵. 不动产物权变动和交易安全——日德法三国物权变动模式的比较研究［M］. 北京：商务印书馆，2004：44.
③ 王茵. 不动产物权变动和交易安全——日德法三国物权变动模式的比较研究［M］. 北京：商务印书馆，2004：47.

求权”概念，从诉权的分类中推导出权利的分类，将物权与债权分别解释为“对一切人的请求权”和“对特定人的请求权”。物权债权的区分从内容标准——人对物的支配权利抑或人对人的请求权利，转向了效力标准——对所有人生效抑或仅拘束于相对人。换言之，物权就是绝对权，是一切人负有义务的权利；债权就是相对权，是特定人负有义务的权利。这一时期，物权最根本的特征是其对世效力：法律以一项可针对任何人而主张的效力来构造物权，并保护物权免受任何不法侵害，任何人对物权均须负尊重义务。[①]温德沙伊德的请求权概念及其相关理论对《德国民法典》的起草产生的决定性影响是：不仅在法典中以直接定义的方式规定了请求权的概念，甚至还接受了温德沙伊德的消极物权请求权的概念，[②]其物权和债权呈现以绝对权、相对权的区分论形式，这一区分决定了其后德国民法学的存在方式，即德国民法多以绝对权、相对权的对立概念为基础，而不以支配权、请求权这样的对立概念区别物权和债权。[③]

2.3.2 物债关系的请求权视角

1）温德沙伊德的请求权体系

温德沙伊德是潘德克顿法学派的集大成者，他的很多思想和观点都被认为是对之前法学理论的思考和总结。在物债区分说上，温德沙伊德以请求权为基本视角塑造了物权和债权的区分论形式。但结合他对权利的双重含义的阐释，可以发现其实他对于物权与债权本质的认识与萨维尼的主观权利论存存在某种异曲同工之妙，只是对于区分实质的认识存在差异而已。温德沙伊德认为体现权利人意志的主观权利具有两类体现。第一种体现是一种针对他人的意思力，即要求与权利人相对的世人或特定人行为（作为或不作为）的权利。他认为，权利人享有这种意思力的正当性前提，是法律基于特定事实要件预先设立了一项权利人得以

① 鲍尔，施蒂尔纳．德国物权法（上册）［M］．张双根，译．北京：法律出版社，2004：12．

② 金可可．论温德沙伊德的请求权概念［J］．比较法研究，2005（3）：121．

③ 於保不二雄．物权请求权的本质［J］．法学论丛，1961，70（2）：3，5．

王茵．不动产物权变动和交易安全——日德法三国物权变动模式的比较研究［M］．北京：商务印书馆，2004：46．

要求义务人履行特定行为的命令，并予以公布。当现实中符合该命令的事实要件成立时，特定的权利人可以自主决定是否贯彻该命令。如果权利人依该命令向义务人提出了履行要求，相当于法律秩序为了权利人的利益而转让了其命令，即权利人取得了法律所赋予的权利。这一类型权利其实就是请求权，其可以体现为针对特定人的请求权，亦可以体现为针对不特定世人的请求权。温德沙伊德认为，此外还存在一种权利体现为无涉于他人的意思支配，如所有权人转让其所拥有之物，买卖一方解除或终止其合同。这类权利的本质并非为了贯彻法律命令，而是为了形成命令条件。这一类权利主要包括支配权、形成权。基于上述分析，温德沙伊德提出了其独特的权利定义。权利的定义系上述两种主观权利的结合：权利是某种由法律秩序所赋予的意思力或意思支配。[①]

虽然在温德沙伊德的理论中已经初步形成了将请求权与支配权、形成权相对立的分析框架与法律思维，但由于温德沙伊德并未使用支配权、形成权等法律术语，因此，他的权利体系整体上是以请求权为中心塑造的，支配权、形成权仅仅作为请求权产生原因所存在。在请求权的视角下，尽管温德沙伊德已经认识到了有一种类型的权利是纯粹的意思支配，而在对物权的权利内容中确实包含了对物的意思支配因素，但他仍将对物权的重点局限于权利人对他人的禁止，或其他人对于物权人所负的不作为义务，而忽略其中支配的、积极的一面。

2）温德沙伊德对物债区分的认识

如前所述，在温德沙伊德的理论体系中亦将对物权理解为一种意思支配，即支配权。此外，他还承认对物权是物上的权利，并以特定有体物为其客体。至此温德沙伊德关于对物权的理解与萨维尼的学说并未存在实质差异。但温德沙伊德的贡献在于他在萨维尼理论的基础上，进一步提出法律在赋予特定人享有物权时，其规制的对象实质上并不是物，而是人与人之间的关系。亦即，温德沙伊德将物权的终极本质定性为人与人之间的关系，而非人与物的关系。他解释道，物权人的意思根本上是指向与物有关的行为的；即其所指向的是不特定人的行为，而非此人

① 金可可．论温德沙伊德的请求权概念［J］．比较法研究，2005（3）：115．

或彼人的行为。但是，对物权所构成的意思力，其内容却是消极的：物权人之外的人不得干预该物——无论是一切物，还是某个特定物；也不得以自己对物所做的行为妨碍物权人作用于该物——无论是任意的物，还是某个特定的物。”[①]基于此，温德沙伊德发展出了物权请求权的概念，他将对物权区分为要求所有人不作为的请求权，以及要求特定侵权人不作为的请求权。其中前者就是温德沙伊德运用请求权诠释的物权概念本身，后者就是现代法意义上的物权请求权。虽然萨维尼也从对物权与对人权区分的外在标志——对物之诉与对人之诉的区分中发展出了两者在效力上的差别，但温德沙伊德是从权利以及其所反映的本质关系的角度，重新界定了对物权与对人权的区分实质，并将物权与债权的区分实质归为绝对权与相对权的区分形式，《德国民法典》直接采纳了这些研究成果，根据法律后果层面上的相似性，在财产法下区分设立相互独立的物权编和债权编体例，并明确规定物权调整须适用“法定主义”的规则。

在温德沙伊德的请求权体系下，物权的性质和内涵产生如下改变：首先，物权人的意思所指向的不是物，而是与物有关的行为，其实际上体现为一种“请求他人行为”的“意思力”，故物权就此成了与物有关的、要求他人行为的请求权。其次，该意思力或请求权的内容是消极的“要求他人不作为”，如请求他人不得擅自处置或改变标的物，或要求他人不得妨碍物权人对该物行使其物权，即“对物权所包含的仅仅是禁止（Verbot）”。[②]最后，该意思力或请求权所针对的范围是“不特定的第三人”，即物权人有权请求除其自身外任何不特定的第三人均履行不作为的消极义务。可见，物权债权的区分界限由内容标准到效力标准的转换，实际上是权利视野的转换：在请求权视野下的物权，将权利的实质聚焦于人与人之间的关系；而非如支配权视野下的物权，关注的是人与物的关系。在请求权体系下，即使物权仍以有体物为客体、以支配为权利内容，但无论是立法论还是解释论上，都强调物权区别于债权的实质在于其对世效力，物权的本质是针对一切人的权利，其本质属性为绝

① 金可可. 论温德沙伊德的请求权概念［J］. 比较法研究，2005（3）：117.
② 金可可. 论温德沙伊德的请求权概念［J］. 比较法研究，2005（3）.

对权。

2.3.3 《德国民法典》——当代物债区分论的代表性立法

《德国民法典》（Buergerliches Gesetzbuch，BGB）是德意志帝国制定的民法典，于1900年1月1日开始施行，此后为德意志共和国、德意志联邦共和国继续适用。这是继《法国民法典》之后，大陆法系国家第二部重要的民法典。《德国民法典》主要继承罗马法的传统，并结合了日耳曼法的一些习惯，在此基础上根据19世纪资本主义经济发展的新情况而制定。[①]因《德国民法典》的编纂委员会的实际领导人，正是编写了《潘德克顿教科书》的法学家温德沙伊德，直接导致《德国民法典》放弃了《法国民法典》所采纳的《法学阶梯》体系，主要基于18世纪德国各邦的“德国普通法（Gemeines Recht）”的私法部分而编纂，而这部分实际上是以来自《学说汇纂》的罗马法为基础的。从这个意义上而言，《德国民法典》继承了《学说汇纂》的衣钵，并大量吸收了潘德克顿法学的学说与理论，被视为潘德克顿法学在19世纪后半期最重要、具有里程碑意义的历史成就，其中所确立的当代法意义上的物权概念，亦是在温德沙伊德构建的物债区分论框架下塑造的法律概念。

1）内部体系安排

以权利为核心的法律关系结构。《德国民法典》在法典结构上的重要创新即为权利概念的出现，并且权利成为结构安排的逻辑主线。其打破了法国民法典的社会关系直观系统，从法律关系要素角度逐一对主体、权利、行为和客体进行了界定，有机的生活事实无一例外地由上述概念所衡量：[②]

第一，古罗马法至《法国民法典》一直沿袭了人与客体的直接对应关系，而《德国民法典》在传统的主客体结构中楔入权利，形成“主体—权利—客体”法律结构。其中，权利取代了行为，成为连接主体与客体的实质纽带。此时人的行为以抽象的“法律行为”为表现形式，仅作为权利的核心要素，不再是主体和客体之间的直接作用方式。第二，

① 百度百科：https：//baike.baidu.com/item/德国民法典/7816030？fr=aladdin.
② 梅夏英. 从“权利”到“行为”[J]. 长江大学学报（社会科学版），2005（1）：47.

独立的民事主体制度正式确立。《德国民法典》通过“权利能力”这一法学概念使民事主体成为民事权利的前提性制度，并具有独立的法律意义。第三，将现实中的经济主体的各类行为抽象为与民事权利相联系的各类法律事实。私法主体的行为不再是取得财产方式，而是在权利视角下由法律根据法效区分为不同作用的法律事实，如法律承认其意思要素（意思表示）的行为是法律行为，而法律不承认其意思要素的行为则被归为法律事实（如交付），私法主体的行为既可以作为实现权利的方式，亦可以作为引起权利变动的原因，还可以作为权利的客体而存在。

不同于《法国民法典》的事实铺陈，《德国民法典》建立了以“权利”为核心的内在和外在体系，整个结构围绕权利有序展开，[①]这种对法律关系的内部结构的全新塑造开启了近代民法典结构的实质转变，并进一步夯实了理性法学或概念法学的基础。

以区分原则为核心的物权变动制度。其一，对基于法律行为的物权变动采用公示生效主义。物债区分论对于《德国民法典》的内在影响之一，就是其物权变动模式仅采用公示生效主义，以此与物权的绝对权本质相适用。与我国承认登记对抗主义、混合主义的物权变动模式不同，德国民法较为严格地贯彻了物权的绝对性原则，其逻辑结果必然是在物权变动上实行公示原则，即任何物权（变动）的生效均以绝对效力的获得为必要前提，而绝对效力必须以法定的外部表征为正当性支持，体现为公示生效主义的物权变动模式。可见在德国民法中，物权的基本范畴与其物权变动规则具有高度的内在一致性。

其二，根据区分原则，将法律行为区分为物权行为和债权行为。物债区分论的另一体系效应，就是物债区分在法律行为制度中的彻底贯彻。《德国民法典》认为，除了作为物权变动原因的债权合同体现为一种合意以外，在登记或交付的过程中亦蕴含了关于物权变动的合意，前者即为债权行为，仅产生相对性的权利义务关系；后者为物权行为，且须以登记或交付等外部表示为必要，是引起物权变动生效的必要前提。[②]

---

① 梅夏英. 民法权利客体制度的体系价值及当代反思［J］. 法学家，2016（6）：31.

② 鲍尔，施蒂尔纳. 德国物权法（上册）［M］. 张双根，译. 北京：法律出版社，2004：70-71.

2）外在表现形式

《德国民法典》最鲜明的形式特征是五编制的法典结构，亦是物权和债权区分的外在体现之一。在此以前，从罗马法的《法学阶梯》到《法国民法典》，民法一直被简单地划分为“人法”和“物法”，如《法国民法典》分为“人”“财产及对于所有权的各种限制”“取得财产的各方法”三编；1811年的《奥地利普通民法典》基本承袭了《法国民法典》的“三编制”体例；1756年的《巴伐利亚民法典》仅是在《法国民法典》的基础上增加了单独的“继承法”一编。真正将潘德克顿的物债区分论发扬光大的是《德国民法典》采用了五编制的立法体例，除了设立总则编作为第一编外，《德国民法典》将合同、不当得利、无因管理和侵权行为共同归入债权法体系，作为该法典的第二编，并以所有权为中心，加上用益物权、担保物权和作为事实状态的占有组成物权法体系作为第三编，在立法上正式确立了大陆法系财产法物权（法）和债权（法）的二分体系。

其一是债权关系获得了独立于物权的地位。从罗马法以来，静态的物的归属与利用关系占据了财产法的核心，故立法一直将债权视为所有权流转的中介与手段，债的法律关系隶属于物的占有关系。在资本主义经济发展下，频繁流通成为一种经济常态，使债权成为在现代市场经济中最为重要的权利类型，《德国民法典》将债权从物的流转与占有关系中独立出来，并在价值判断上使其具有了等于甚至优于物的归属关系的地位。

其二是以“有体物”为客体的物权概念的科学确立。在统一的“物权”概念尚未确立时，债权亦不具有独立地位，作为一种无体物而成为所有权的客体。《德国民法典》虽然没有对物权的概念进行定义，但其中的一项重要规定就是明确将物限于“有体物”，至此物不再包含无体物。作为其体系效应，债权不再归于“物”的范畴，而作为一种相对于物权的权利存在。

其三是效力是物法和债法的区分标准。物权体系与债权体系是根据法律效果的相似性，因此物权的绝对性和债权的相对性成为物法和债法最主要的标志性特征。物权法和债法的系统建立使大陆法系的财产权体系构架得以最终确立，后来的日本、瑞士、荷兰、原苏联以及中国等国的民事立法均直接继承并发展了这种划分。

2.4 本章小结

本章主要研究物债区分论的源起以及演变历程，并从中总结物权与债权的区分实质与内在逻辑。此部分主要采用的是历史分析法，是本书的思想基础和理论铺垫，旨在为后续论述的展开做好扎实的前置性研究。

如果对物债区分论的内在逻辑进行总结，可以发现在前赴后继的学说更迭中，真正具有划时代意义的是萨维尼提出的主观权利理论。在此以前，无论是罗马法的对物之诉，还是自然法的物权，均存在于“主体—对象”的法律关系中，同时，由物的有体性衍生出对物诉讼的追及效力，人的行为却因不具有可控性和可追溯性而使对人的诉仅具有相对效力，所以对物权与对人权在效力上的区别，本质上仍是由其对象决定的。无论物权的基本范畴如何随着理论学说演变，“对象”一直是物权的区分实质，具有决定性的界定作用。萨维尼提出的主观权利结构彻底改变了物债区分论的解释思路，使物权与债权的区分逻辑体现为针对不同对象类型，权利人采用不同方式来行使权利：物权的法律结构为“主体—支配—物”，而债权的内在结构则体现为“主体—请求—他人行为”。这种法律结构顺应了自由资本主义时期“所有权自由”和“契约自由”精神，从而将财产关系鲜明地划分为“物的归属关系”和“物的流转关系”。虽然此时物权与债权仍然具有客体上的区别，但物债区分的实质已转变为支配权与请求权的区分，对物权的概念亦发展为“人对物的支配权”。至垄断资本主义时期，法律对于私法领域，尤其是财产关系的强制干预不断加深，使得法律规范的重心置于财产关系的外部效力，温德沙伊德据此将物权与债权分别解释为“对一切人的请求权”和“对特定人的请求权”，使物权与债权呈现绝对权与相对权的区分形式。在请求权视角下，即使物权仍以有体物为客体、以对物的支配为内容，但无论是立法论还是解释论上，都强调物权区别于债权的实质在于其对世效力，物权的本质是针对一切人的绝对权。

物债区分论在近代民法上的正式确立，是《德国民法典》关于财产权利体系的基本安排，主要体现在内在体系以及外在形式两个方面：在内在体系上，首先是以权利为核心的民法体系作为物债区分的结构支撑。《德国民法典》确立了法律关系“主体—权利—客体”的基本结构，建立了以“权利”为基本单位的法律规范体系。其次是以区分原则构建了物权变动的总体规则，一方面以公示生效主义模式具体落实了债权向绝对性物权的转化机制，另一方面将法律行为区分为债权行为与物权行为，将区分原则内化到具体的当事人的意思表示机制中。在外在形式上，《德国民法典》五编制体系，特别是债编的独立是物债区分的外在体现。《德国民法典》明确将物权的客体——物限定于“有体物”，使债权不再归于“无体物”的范畴，而作为一种相对于物权的权利类型存在。物权体系与债权体系是依据法律效果的相似性，即物权的绝对性和债权的相对性建立，使大陆法系的财产权体系的二元构架得以最终形成。

3 《民法典》物债关系的制度安排及其体系矛盾

我国《民法典》中对物权、债权的法律内涵进行了明确界定，并以物权法定原则和公示制度确立了物权与债权的区分和转化的总体机制——具体落实了绝对权与相对权的区分格局。但这种效力区分的整体定位已开始面临物债融合现象的现实挑战，并与具体的物权制度产生了诸多体系矛盾。

3.1 《民法典》中物债区分的体系逻辑

3.1.1 《民法典》关于物权范畴的界定

我国《民法典》第一百一十四条、第一百一十五条对物权的内涵以及外延予以明确规定，从而确立了形式意义上的物权概念。事实上，因为整个物权制度所蕴含的法律内涵可谓纷繁复杂，所以对物权进行统一的抽象定义在其他国家立法中是鲜见的做法。除《奥地利普通民法典》

第三百零七条规定“对于物，非仅得对特定人主张其权利者，该权利称为对物权”外，《德国民法典》《日本民法典》《瑞士民法典》等大陆法系国家的经典立法，仅对作为物权客体的物作出了规定，均未明确提出物权本身的定义。

1）物权的主观范畴

物权的主观范畴，就是从主观权利类型的角度，分别在客体、内容、效力等方面对物权予以界定：

物权的客体。根据《民法典》第一百一十五条，物权的客体为物，主要包括动产和不动产。仅在法律有特殊规定时，权利才能成为物权的客体。可见，在一般情况下，《民法典》中的“物”应仅限于动产或不动产等占据一定空间或具备一定形状，且能被人力所支配的有体物。有体物的概念源于罗马法，与其相对应的是无体物，是指没有实体存在，人们凭主观拟制的物，如抽象的权利、智力成果等。

首先，以有体物作为物权的客体对于物债区分的基本构架具有基础性作用，亦是大陆法系国家的普遍做法。例如，《德国民法典》第九十条规定，法律意义上的物，只是有体的标的。《日本民法典》第八十五条规定，本法所称物，谓有体物。[①]《瑞士民法典》第七百一十三条将物限于有体物，但将法律上可支配的自然力也作为动产。将物权客体限定于有体物的立法安排，主要是由于物权体系的建构以所有权制度为核心和逻辑起点，而所有权制度则建立于有体物的基础之上。如果将权利等无体物亦作为所有权的客体，那么任何权利的享有都可以归入所有权关系，目前物权、债权、知识产权、人身权等按照权利客体区分权利类型的体系，尤其是财产权体系中的物权与债权二元结构将沦为空谈。而物债区分理论正是大陆法系民事财产权利体系的基本逻辑所在。德国学者甚至认为，德国民法典编纂的体系特点并不是五编制，也不是在法典的开始设置总则编，而是对物法和债法的截然区分。[②]德国法正是在物债区分的基础上通过确定不同客体的方式将物权、债权、知识产权等区

① 全国人大常委会法制工作委员会民法室．中华人民共和国物权法条文说明、立法理由及相关规定［M］．2版．北京：北京大学出版社，2017：4.

② 霍尔斯特．十九世纪德国民法科学与立法［M］．王娜，译．北京：法律出版社，2003：250.

分开来，建立了各有所指、各得其所的有序的权利体系。[①]

其次，《民法典》仅规定了有体物包括不动产和动产，但并未对不动产、动产的含义或范围予以进一步明确。理论上，不动产与动产之区分主要依据物是否能够移动，且是否因移动影响其价值，不动产就是性质上不能移动，或虽可移动但会影响其价值的物，[②]如原《担保法》第九十二条第一款规定不动产为“土地以及房屋、林木等地上定着物”；《不动产登记暂行条例》第二条第二款规定，“本条例所称不动产，是指土地、海域以及房屋、林木等定着物”。故总体上，不动产应包含土地、海域及其上定着物。而动产就是能够移动，且不至于影响其价值的物，通常认为在有体物的范围中，排除了不动产之后剩下的有体物均为动产。[③]例如，原《担保法》第九十二条第二款规定，“动产是指不动产以外的物”，包括金钱、原材料、半成品、机械设备、交通运输工具等。其中，船舶、航空器、机动车等因为适用较为特殊的混合主义物权变动规则而在理论上被称为“特殊动产”，本书所指的动产，如无特别说明，为排除特殊动产在外的一般动产。

最后，物权的客体应具有特定性。无论是在一般情形下的作为客体的有体物，还是法律特殊规定为物权客体的抽象权利，物权的客体必须具有特定性，这是由物权作为支配权的本质属性所决定的。因为只有在经济上具有独立意义的个体，才能够成为物权人所直接支配或利用的对象，只是对于不同类型的物权，其支配内容和支配强度均有所不同。同时，对物权客体的特定性要求亦决定了该客体应为单一、个别存在的有体物，集合物不能成为一项物权的客体，此即“一物一权”原则的根源所在。但随着经济社会的不断发展，集合物在特殊情形下亦被法律认可为物权的客体，如《民法典》第三百九十六条规定的动产浮动抵押，企业、个体工商户、农业生产经营者可以将其“现有的以及将有的生产设备、原材料、半成品、产品”一并作为动产浮动抵押权的客体予以处分。

物权的内容。物权的内涵是对其性质的反映。对于物权的性质，理

---

① 王利明. 物权法研究（上卷）[M]. 3版. 北京：中国人民大学出版社，2013：80.
② 冉克平. 物权法总论［M］. 北京：法律出版社，2015：153.
③ 王利明，杨立新，王轶，等. 民法学［M］. 5版. 北京：法律出版社，2017：319.

论上有三种不同的观点：[1]第一种观点认为物权的本质是人对物的关系，其权利内容主要体现为对物的直接支配；第二种观点认为物权的本质是人与人间的关系，其权利内容实际上就是得以对抗一般人的财产权，体现为一般世人对物权的尊重与不侵犯；第三种观点是折中观点，认为物权具有对人和对物两方面的关系，两者相依而成，从而确保物权的效用。通过文义解释，我们可以得出我国《民法典》第一百一十四条所指的物权包括对物关系与对人关系两方面内涵：一是对物的直接支配并享受其利益；二是排他的保护绝对性。[2]可见，我国《民法典》采用的是第三种观点，亦是目前通说。

在对物关系上，其权利内容体现为"直接支配"。"直接"乃指物权人对于标的物即客体的支配，无须他人意思或行为介入即得实现；而"支配"则指依权利人的意思，对物加以管领处理，且该管领处理不仅包括法律处分，而且包括事实上的使用、处分等；[3]此外，物权人对物的直接支配，一般以享受物的利益为目的，物的利益又可分为使用价值和交换价值，故对物的支配既包含对物的使用价值的支配（体现为用益物权），又包含对物的交换价值的支配（体现为担保物权）。物权的"直接支配性"是其与债权的区分标志之一，如租赁属于涉及特定物的合同关系，承租人亦享有对租赁物的占有与使用，但该占有与使用须以出租人履行交付的合同义务为前提，遂不能谓之"直接支配"，与享有物权人无须他人的帮助，径直对标的物的占有与使用有本质区别。可见，对于特定物的占有与使用的事实，是物权存在的前提，但该事实关系能否上升为物权关系取决于立法政策的选择。例如，法律将承租人的租赁权归为债权，其内在的价值判断在于承租人的债权人的法律地位，以及"买卖不破租赁"的特殊保护已经能够满足其一定期限内的使用和生存需要，如果赋予其物权人的地位，承租人即可直接处分标的物，则可能会妨碍出租人的处分或损害出租人的利益，亦与其分期性的租金负担不匹配。

在对人关系上，物权的权利内容体现为排除他人干涉的对世效力，

① 史尚宽. 物权法论［M］. 北京：中国政法大学出版社，2000：7.
② 冉克平. 物权法总论［M］. 北京：法律出版社，2015：115.
③ 谢在全. 民法物权论（上册）［M］. 北京：中国政法大学出版社，2011：9-10.

即物权具有对抗权利人以外的一切不特定的人的效力，任何人都负有不得妨碍物权人行使权利的义务。该对世效力还体现为物权的追及效力，即无论物辗转于何处，物权人均可依其享有的物权向占有人索取，要求其返还特定标的物。[①]由于该对世效力对于第三人影响甚大，因此应具有表现物权存在的外形，[②]在物权法上体现为物权的公示方法，可见公示原则实际上是物权排他性在物权变动过程中的本质要求。此外，物权的排他性不仅表现在物权的对世效力上，而且体现在权利内容的排他性上：一是所有权的排他性，即所有权作为最完整、最全面的支配权，同一特定物上只能存在一个所有权，不容许其他所有权存在。二是他物权的排他性，即在同一特定物上不得成立多个内容相互冲突的他物权。还有观点认为物权的排他性还包括物权的不可侵性，[③]笔者认为，因为任何受法律保护的权利均具有不可侵性，其实为权利的天然属性，且物权的对世效力实际上亦包含了相同要素，无须单独阐述。从物权的排他效力可知，其本质上仍依物权的支配性衍生而来，因为物权人对物享有直接的管领或控制，该管领或控制在内容上与其他权利必然是毫无冲突的，且得以对抗任意第三人的权利主张或干涉。

2）物权的客观范畴

根据《民法典》第二百零五条，物权编调整的是因物的归属和利用产生的民事关系。按照德国学界的通说，无论对物的直接支配性，还是物权保护的绝对排他性，其实均来自于物的归属（Zuordnung），即法律将特定物归属于某权利主体，由其直接支配，享受其利益，并排除他人对此支配领域的侵害或干预。[④]根据物的归属功能，德国民法还区分客观意义上的物权与主观意义上的物权，前者即物权法，调整的是物上所成立的法律关系，不仅包括静态的权利享有关系，而且包括动态的权利变动关系；后者即为彰显物的归属的主观权利，囊括了特定的人在特定的物上所享有的一切法律地位。[⑤]可见，前述《民法典》第一百一十四

---

① 物权的追及效力受到善意取得制度限制，实属法律为交易安全所作的特殊安排，但仍应承认物权本身的追及性。

② 史尚宽．物权法论［M］．北京：中国政法大学出版社，2000：10.

③ 王利明．物权法研究（上卷）［M］．4版．北京：中国人民大学出版社，2016：15.

④ 王泽鉴．民法物权［M］．2版．北京：北京大学出版社，2009：31.

⑤ 鲍尔，施蒂尔纳．德国物权法（上册）［M］．张双根，译．北京：法律出版社，2004：12.

条、第一百一十五条关于物权内容、客体的规定，实际上是对主观意义上物权的描述，而第二百零五条则属于对客观意义上物权的概括。其作为《民法典》物权编的首条，从事实关系的角度限定了物权的客观范围。具体而言，首先，“物的归属”即特定的有体物的所有权关系。其次，“物的利用”则包含所有权人对归其所有之物的利用和用益物权人、担保物权人对他人之物的利用两方面。笔者认为，民事关系的“利用”本质上就是主观意义上物权概念中的“支配”，只是前者以关系的角度，后者以权利内容的角度。如前所述，对物的利用既包括对特定物使用价值的利用，亦包括对特定物交换价值的利用；既包括事实控制或处分的利用（如消耗、事实上的使用行为），亦包括法律处分的利用（如物权的设立、变更和转让、抛弃等）。最后，“民事关系”是指被《民法典》物权编调整之前的客观的生活关系，其不同于“民事法律关系”，后者是指法律主体在法律上的权利义务关系，而前者尚未构成具有法律意义的权利义务关系，仅仅是一种对于客观生活状态的简单描述。①

我国《民法典》第一百一十四条、第一百一十五条、第二百零五条分别从主观意义和客观意义上界定了物权的基本范畴，从物权的客体、内容、效力以及调整的事实关系等层面界定了物权的内涵和外延，几乎涵盖了整个物权编所规定的物权权利基本类型，明确了物权区别于债权、知识产权等财产权的本质特征，为整个物权权利体系的构建发挥了基础性和系统性作用。

3.1.2 《民法典》关于债权的范畴界定

现将《民法典》总则编对于债权的定义，总结如下：

《民法典》第一百一十八条规定，民事主体依法享有债权。债权是因合同、侵权行为、无因管理、不当得利以及法律的其他规定，权利人请求特定义务人为或者不为一定行为的权利。该条是对债权的明确定义，体现了债权的如下要素：一是明确了债权的性质，即债权是一种民事权利，是民事主体享有的权利。二是明确了债权的效力，即债权是权

① 李永军. 物权的本质属性究竟是什么？——《物权法》第2条的法教义学解读［J］. 比较法研究，2018（2）：28.

利人仅得对特定义务人主张的权利，其仅具有相对效力。三是明确了债权的客体和内容，债权客体为特定义务人的行为，其内容是权利人请求其义务人“为或不为一定行为”的权利。四是总结债权的发生原因，债权的发生原因包括合同、侵权行为、无因管理、不当得利以及法律的其他规定。

《民法典》的第一百一十九条至第一百二十二条，分别对合同、侵权行为、无因管理、不当得利进行了专门规定，事实上亦体现了债权的总体概念下意定之债和法定之债的区分。首先，第一百一十九条采用的是概括性规定，即“依法成立的合同，对当事人具有法律约束力”，只要是依法成立的合同，均成立债权债务关系，而不论合同内容为何、约定何种权利义务关系，体现了任意性规范的特征。其次，第一百二十条至第一百二十二条则采取了详细的限定性规定方式，明确了不同类型的法定之债及其法定事由，如第一百二十条规定的侵权责任请求权仅限于“民事权益受到侵害”之时；第一百二十一条规定的无因管理的费用请求权，仅限于“没有法定的或者约定的义务，为避免他人利益受损失而进行管理”的情形；第一百二十二条规定的不当得利返还请求权，其适用前提仅限于“因他人没有法律根据，取得不当利益，受损失的人有权请求其返还不当利益”之时等，以上条文的规定方式均体现出典型的法定性和强制性特征。

3.1.3 《民法典》物权与债权以效力区分的整体逻辑

1）物权与债权的区分维度

自德国民法首创以抽象权利为线索构建民法体系以来，权利的要素分析模式（主体、内容和客体）便成为权利类型确定和体系建立的基础方法，也成为民法理论和教科书的体例安排的既定模式。[①]通过对比《民法典》关于物权与债权的界定，可以总结物权与债权的区分维度，主要体现在以下三方面：

其一为客体之区分。体现为物权的客体为有体物，债权的客体为特

① 梅夏英．民法权利客体制度的体系价值及当代反思［J］．法学家，2016（6）：33.

定人的行为（包括积极的作为和消极的不作为）。如前所述，客体的区别是物权与债权最具有辨识度的区分标志之一，两者之分甚至早于物债区分论的确立，亦是形成物债差异的根源所在，这亦决定了物权的内涵必然含有人对物的关系，而债权的内涵则必然具有人与人的关系本质。

其二为内容之区分。根据《民法典》第一百一十四条，物权是以“对特定物的直接支配和排他”为内容的权利，债权的内容为“请求他人为或不为一定行为”。在物权的内容中，“直接支配”实质为人与物的关系，“排他”实质为人与人的关系，后者其实就是物权的对外效力，将在“效力之区分”予以详述。剥离效力因素后，物权的权利内容其实就是“对特定物的直接支配”。因此，物权与债权在内容上的区别本质上就是权利行使方式的差异，在这个层面上物权与债权的区分主要体现为支配权与请求权的区分。

其三为效力之区分。物权与债权的行使方式不同，直接导致了两者的对外效力不同，即物权因其对物的直接支配性而具有对抗任意第三人的效力，而债权仅具有请求特定义务人的相对效力。如前所述，与债权纯粹地体现为人与人之间的关系不同，第一百一十四条所指的物权包括对物关系与对人关系两方面内涵：一是对物的直接支配并享受其利益；二是排他的保护绝对性。故物权本质上是复合型权利，其权利内涵归为划分为“对物关系”和“对人关系”两种性质，其中“对物关系”仅限于法律关系内部，而“对人关系”则是该支配关系外部效力的体现，涉及权利人与不特定的第三人的关系；而债权则为纯粹而单一的“权利人与特定人的关系”，如第一百一十九条规定的合同之债，仅明确其“对当事人具有法律约束力”的权利特征，表明因合同产生的债权的唯一共性，即体现为一种“对人关系”上的相对效力，与物权的“对人关系”的外部性与对世性有本质区别。

2）物权与债权的区分实质

通过对比物权与债权在客体、内容及效力上的区别，可以总结出如下结论：

首先，物权与债权在客体、效力上的区别具有外部可识别性，而在权利内容或行使方式上的区别则具有一定的抽象性，如前所述，支配与请求的差异，实为人文主义思想的作用，在萨维尼的主观权利模型中，两者本质上都是意思表示的支配领域。

其次，物权与债权在客体上的差异，主要侧重于物权法律关系的内部，而效力差异（实质上由内部差异引起）因涉及权利对第三人的关系，则显现于法律关系的外部。换言之，我国《民法典》所确立的物债区分实际上采用了“内外兼修”的区分论形式：即在权利的内部关系上，物权与债权体现为“对物的支配权”与“对人的请求权”的区分；在权利的外部关系（效力）上，物权与债权则体现为绝对权与相对权的区分。

最后，在内部关系和外部关系中，因为物权与债权在各自内部关系分别体现为“对物的支配”与“对人的请求”，此种区分具有较强的封闭性，属于当事人意思自治的范畴，并非法律的规范重心，而物权和债权在外部效力的差异才具有体系性价值，亦即法律通过登记或交付等公示手段予以强制干预的领域。因此，物权与债权区分的决定性标志，应为两者外部效力的绝对性与相对性的区分。物权与债权的绝对权与相对权的区分实质，还衍生出如下区分特征：

一是物权具有优先性，而债权具有平等性。物权的优先性其实衍生于其排他效力，体现在两方面：其一是指当同一物上同时存在物权与债权时，物权具有优先于债权的效力；其二是指当同一物权上并存多项物权时，应按照法律规定和物权设立的时间先后确定优先效力。而债权则不问成立时间先后或发生原因、数额等，各债权人之间具有完全平等的地位，当债务人破产且资不抵债时，各债权人得按照各个债权数额的比例，就债务人的财产总额获得清偿。二是由于物权具有对世效力，法律对于物权的设立和变更控制比较严格，采用法定主义和公示原则，而债权的设立和变更采用意思自治原则，只要不违反法律的禁止性规定及公序良俗，当事人即可根据其意思设定债权的种类与内容，且债权的流转一般不适用公示原则。三是物权通常具有永久性和长期性，而债权具有暂时性。物权因为反映了物的归属和利用关系，一般具有较长的存续期间，其中所有权是没有期限的，属于永久性物权，用益物权也具有较长的期限，担保物权则属于例外，由于其担保性而随主债权的消灭而消灭。而债权则对应着较为松散的财产结合关系，与物权以存在为目的不同，债权是以消灭为目的的财产权利。[①]可知，物权的绝对效力起源于物权的直接支配性，而物权的绝对效力又衍生出物权的优先效力、法定主义原则等，物权的各项效力和制度呈现层层递进的逻辑关系。

3.1.4 物权与债权以效力区分的体系效应

1）债权形式主义的物权变动模式

绝对性物权与相对性债权的区分必然在物权变动模式上体现为以债权形式主义为一般规则。首先，作为物权变动的原因行为，以物权变动为目的的债权仅具相对效力，当事人可在合法的前提下任意安排，意思自治。其次，相对效力的债权向具有绝对效力的物权转化，需要经过登记或交付的公示过程。因登记或交付制度的特性不同，债物转化的运行机制亦有所不同。对登记而言，在相对性的债权合意中，仅符合登记簿内容要求的部分才能被登记簿所记载，以此获得对世性的效力并转化为物权的内容要素，当事人关于物权变动的其他约定仍然保留在债权的范畴之内。对交付而言，占有的事实状态仅能简单地传达动产物权的权利归属，对于动产物权，特别是动产质权有关内容的解读仍需借助相对性的债权合同。从这个意义上而言，登记与交付作为公示方法的权利外观基础是完全不同的。在债权形式主义的物权变动模式下，绝对性的物权产生法律效力，要求同时具备相对性的债权合意（原因行为），以及必要的登记或交付的形式过程。与此相对应的是公示生效主义的公示制度，即物权的生效以公示为要件，只有这样物债关系才能保持相对权与绝对权的区分形态。

2）以“物权法定”和“债权自由”为内在区分的规范特征

在《民法典》总则编“民事权利”一章中列举了人身权、财产权等民事权利的基本类型，从规范功能分析，该章条款仅起到权利宣示的作用，原则上不能成为裁判规范。[②]立法机关认为，这种安排“旨在贯彻落实党中央关于实现公民权利保障法治化和完善产权保护制度的要求，

① 冉克平. 物权法总论［M］. 北京：法律出版社，2015：130.
② 温世扬，朱海荣. 中国民法典对潘德克顿体系的扬弃［J］. 苏州大学学报（哲学社会科学版），2020（4）：11.

凸显对民事权利的尊重，加强对民事权利的保护，为各分编和民商事特别法律具体规定民事权利提供依据”。[①]

在第一百一十三条规定的财产权平等保护原则以下，总则编在第一百一十四条至第一百二十七条勾勒了财产权体系的整体安排：

第一百一十四条至一百一十五条规定了物权，第一百一十八条至第一百二十二条规定了债权，第一百二十三条为知识产权，第一百二十四条为继承权，第一百二十五条为股权等投资性权利，第一百二十六条为法律规定的其他民事权利和利益，第一百二十七条为数据、网络虚拟财产。其中，物权以“物权编”、债权以“合同编”及“侵权责任编”、继承权以“继承编”分别为《民法典》所专门确认和保护，而《民法典》对知识产权、股权等投资性权利、数据及网络虚拟财产则仅作原则性规定，其具体制度分别为《商标法》《专利法》《著作权法》《公司法》《网络安全法》等单行法所确立，并未纳入《民法典》的调整范围。其原因主要有两方面：一是纳入《民法典》的规范内容主要是对各种民事活动最基本的、普遍适用的规则。因此，对那些技术性很强的、仅仅适用个别的、局部性的民事关系的规则，如为股权等投资性权利、数据、网络虚拟财产等法律关系，应当由单行法来解决。二是《民法典》所确立的制度、规则应当保持较强的稳定性，如物权、债权的许多规则是交易关系在法律上的反映，具有较强的稳定性，而有关知识产权的具体规则则常常不断变化发展，如果将各种适应社会经济文化的发展而处于不断变动中的、技术性很强的知识产权规则都纳入《民法典》，无疑会妨碍《民法典》内容的稳定性。[②]因此，在《民法典》中体现的财产权体系总体上由物权、债权（包括合同、准合同、侵权责任）、继承权三部分组成，其中继承权虽具有财产权属性，但其以特定的亲属身份关系为前提和依据，具有浓厚的人身属性及伦理学特征，与经济社会中的纯粹的财产关系有本质区别。

可见，我国财产权利的基本秩序，主要是通过物权与债权的法律制度予以体现的，两者的区分亦形成了财产权利中的截然对立的两套规则

① 崔建远．中国债法的现状与未来［J］．法律科学（西北政法大学学报），2013（1）．
② 王利明．试论我国民法典体系［J］．政法论坛，2003（1）：34．

系统：在物权法领域，由于物权本身具有直接支配性和排他性，对外具有得以对抗任意第三人的对世效力。同时，为了确保物权人不滥用其绝对权，法律对物权的种类与内容采用法定原则，对物权的设立、变更和消灭采用公示原则，与之相对应的，规定物权效力及有关制度的法律规范以强制性规范居多，任意性规范较少；而在债权法领域，由于债权的相对性，其对于当事人以外的第三人影响甚微，因此，在债的法律关系中，主要是合同领域奉行意思自治原则，只要不违反法律强制性规定、不违反公序良俗的合同均受到法律的承认和保护，当事人间可以任意约定和安排其权利义务关系，因此绝大多数有关于债权的法律规范并不属于强制性规范，而属于任意性规范。在“物权法定”与“债权自由”二元格局的基础上，《民法典》又作了一定的本土化改造：

首先，是将侵权责任编从债编中分离，单独成编。根据潘德克顿法学所确立的五编制体系，债权编应同时包含债法总则、意定之债（合同）与法定之债（不当得利、无因管理、侵权责任）三部分。而我国学界一直存有一种观点，认为传统“债法”概念已经无法含纳内涵丰富且仍在不断成长的现代侵权责任法。同时，就合同法本身而言，其规则规模庞大而复杂，将合同法、侵权责任法统一设于债法一编下显得体量过大，会影响我国《民法典》体系结构的均衡美感。或许是受此观点影响，抑或是出于对立法经济成本的考量，最终立法机关决定“不设债总、拆分债编，合同法与侵权责任法各自独编进典。[①]

其次，是在总则编中统一规定民事责任。在传统的潘德克顿法学中，以德国民法为例，“债务”与“责任”两项概念并没有本质区别，无论是侵权的责任还是违约的责任，都可以作为损害赔偿之债而归属于债法的范畴。换言之，对应损害赔偿的“责任”本质也是一种债权请求权，因此本应分属于债编之下，并没有必要、亦不应该在总则规范中予以体现。这种思想亦体现于《德国民法典》物债二分的救济体系中，即物权由物权请求权保护，规定于物权编中；债权由债权请求权保护，规定于债权编中，两种类型的请求权趣旨各异，各司其职，在这两者之上

① 温世扬，朱海荣．中国民法典对潘德克顿体系的扬弃［J］．苏州大学学报（哲学社会科学版），2020（4）：13.

并不作更高一层级的立法安排。但我国《民法通则》创设了一级概念"民事责任"，相当于从总则的层面即将"责任"与"债务"予以彻底区分。例如，《民法典》总则编第一百七十九条中共规定了十一种责任承担方式，既可以适用于物权诉讼、债权诉讼等财产权诉讼，又可适用于人身权诉讼，以及尚未跻身权利的民事利益诉讼，即以民事责任制度保护全典的权益。据此，所有救济权利的方式被统称为"责任承担方式"，而不必追究"方式"背后的请求权属性。此外，在民事责任规范体系内，第一百八十一条（正当防卫）或第一百八十二条（紧急避险）成为了各分编规定的请求权都可以适用的责任阻却事由。①

在《民法典》总则编起草过程中，有学者对草案中的这种体例安排提出了质疑，认为该章的全部条文或无法律适用价值，或存在引起体系错位之危，应当整体取消。但立法机关经研究认为，基于总则和分则的关系，在总则中对民事责任予以专章规定，建立民事责任这一上位概念，对分则和民事单行法中的具体民事责任制度具有统领、指引作用；经过三十多年的法制宣传教育和司法实践，民法通则创立的民事权利、义务、责任"三位一体"的立法模式已为广大民众和法律工作者普遍接受和熟悉；在规定了法律关系的主体、列举了各种民事权利之后规定民事责任，其体系更加合理。因此，《民法典》总则编仍沿袭民法通则的做法，在第八章对民事责任作了一般性规定。但值得注意的是，《民法典》总则编在"民事权利"一章中将侵权行为作为"债权"的发生原因之一（《民法典》第一百一十八条），使"侵权之债"与"侵权责任"在该编同时呈现，可能再次引起民法理论层面关于两者关系的迷思。②

3.2 《民法典》中物债关系的运行机制

为落实绝对性物权与相对性债权的总体定位和财产权秩序，物权法确立了以物权法定原则为核心的规范机制，并在物权变动制度上以债权

① 温世扬，朱海荣. 中国民法典对潘德克顿体系的扬弃［J］. 苏州大学学报（哲学社会科学版），2020（4）：12.

② 温世扬. 中国民法典体系构造的"前世"与"今生"［J］. 东方法学，2020（4）：37.

形式主义为一般原则，其内在实质为代表当事人意思的相对性债权，通过登记等公示制度，被确认为绝对性物权的运行机制。

3.2.1 物债关系的协调机制——物权法定原则

意思自治原则与债权的相对权本质相对应，而物权法定原则与物权的绝对权本质具有内在一致性——只要物权与债权的区分形式仍体现为绝对权与相对权的区分，物权制度就必定以物权法定原则为思想基础之一。《民法典》第一百一十六条继承了原《物权法》第五条的规定，体现了立法者对于物权法定原则的确认。

1）物权法定原则的逻辑起点

如前述，从主观权利的视角出发，物权与债权区分的界限在于权利的外部效力，即体现为绝对权与相对权的区分实质。具体而言，物权的实质就是权利人得以向任意第三人主张的权利，亦即任何人都负有尊重物权人的权利的义务；而债权的实质就是仅得要求特定相对人予以给付的权利，债权人仅对特定的相对人享有债权，债务人亦仅对特定的债权人负有给付义务。如果从规范层面对物权与债权区分的价值予以考察，可以发现物权与债权的区分决定了与之物权与债权的法律规范特征，体现了物权法律规范与债权法律规范在功能上的互补作用，亦以此构成了物权法定原则的逻辑起点。

因为绝对性物权的效力射程达到任意第三人，物权关系当事人间的权利义务关系对全社会影响甚大，因此物权的法律规范以强制性规范为主要表现形式。具体而言，法律对物权关系中的权利义务安排事先作了类型化的强制设定，并要求物权关系的当事人必须遵守这种强制安排，不允许当事人以约定改变，超出法律设定范围的权利义务关系不能获得法律的绝对保护，即不能产生对世效力。这种“强制安排性”，主要体现为两个方面，一是法律对于能够产生对世效力的物权关系类型进行强制安排，超出法定类型的权利不能获得对世效力，但可以在当事人间具有约束力。二是法律强制安排不特定的第三人对物权人所负的单向的不作为义务，该义务的“不作为”内容由法律统一安排，内容高度一致，并通过特定公示方法对全社会表达，不得由当事人通过约定予以改变——当事人间超出法律强制安排范畴的约定，将被强制归为债权的范畴，不具有对世效力。债权因仅对特定的债务人具有约束力，法律允许当事人就其权利义务关系享有充分意思自由，故债权法多以任意性规定的形态存在。可见物权与债权呈现绝对权与相对权的区分，导致其相应的法律规范具有功能上的互补作用——在“强制安排性”的限制下不能创设的权利内容，可以由当事人以债权债务的形式予以补充。债权法以任意规定为主的规范特征，物权法以强制规定为之，此种法律架构的取舍，可谓系人类为经营经济生活，对有限的资源为有效利用及控管所采择的机制。[①]

物权法律规范的“强制安排性”抽象为法律原则，即为物权法定原则。物权法定原则的通常表述为，物权的类型和内容需要由法律明确规定。不难发现，其精神内核即为法律对于物权类型和内容的“强制安排性”，而“强制安排性”正是法律为确保物权绝对性本质体现的规范特征。也就是说，在创设物权法律规范的过程中，物权的绝对性属性构成了物权法定原则的逻辑起点，正是物权的绝对性属性，决定了物权的法律规范以物权法定原则为其内部体系构建的指导思想。而在物权法律规范的运行过程中，两者的决定作用正好相反，是物权法定原则的贯彻和实施，确认并维护了物权的绝对性实行。此时，如果抽绎出物权范畴的现实基础发生了改变，亦会反过来对物权法定原则的落实形成障碍，甚至会彻底改变物权法定原则的法律内涵。

在我国，《民法典》第一百一十六条是关于物权法定原则的直接规定——物权的种类和内容，由法律规定。这种物权创设上的法定主义思想起源于罗马法，并为继受罗马法的大陆法系国家与地区所沿用，荷兰、日本、韩国等国均明确规定了物权法定原则。[②]通说认为，德国、奥地利、瑞士等国虽无明文规定，但解释上均认为有该原则的适用，如《奥地利普通民法典》第三百零八条具体列举了物权种类包括占有权、所有权、担保权、役权等，相当于从立法上封闭了物权类型的创设范

① 王文宇．物权法定原则与物权债权的区分［J］．月旦法学杂志，2003（2）：142.
② 段匡．德国、法国以及日本法中的物权法定主义［M］//梁慧星．民商法论丛（第7卷）．北京：法律出版社，1997：259.

围，属于实质上的物权法定主义。[①]

2）物权法定原则的法律内涵

根据《民法典》第一百一十六条，我国的物权法定原则包含两个方面：

第一，物权的类型法定。其内涵是哪些权利属于物权，哪些不属于物权，要由《民法典》物权编和其他法律规定，[②]具体又包含两个层面：其一，物权的类型不能由当事人随意创设，法律规定的物权类型亦不允许由当事人通过约定予以改变。物权法定原则是与合同法中的意思自治原则完全对立的法律原则，体现了物权法规范和合同法规范在立法精神上的本质差异，合同的类型可以由当事人依其意思自由约定，只要不违反强制性法律规定和公序良俗即可有效，而如果当事人以约定的形式私自设立了新的物权类型，该约定将不受法律的承认和保护。其二，物权的类型只能由法律予以确认，严格的物权法定原则将其法源限定于法律，法律之外的规范性文件，如行政规章、地方性法规、司法解释等，均不得创设新的物权类型。这意味着物权法定原则不仅限制的是私法主体在物权创设上的意思自治，而且限制了立法机关以外的行政机关、司法机关以规范性文件、司法解释或个案的方式设定新的物权类型。不得不承认，如此严格的限制对于物权制度的建立具有一定的积极意义，一方面有利于固定的物权类型对于交易主体具有统一的行为指引意义，另一方面则有利于提高司法审判的效率和公平，促进有关物权法律规定在不同地域的规范适用。

第二，物权的内容法定，即依类型法定原则所可能成立的权利，其内容至少在轮廓上须由法律强制性予以确定。[③]与物权的类型法定类似，内容法定亦包含两个方面内容：其一，物权的内容必须由法律所规定，当事人不得基于其个人意志自由创设物权的内容。这并非意味着当事人没有任何意思自治的空间，而是当事人在交易中所确定的物权内容，必须按照法律所规定的内容来解释，否则将不被法律承认和保护。例如《民法典》规定，土地承包经营权是依法对其承包经营的耕地、林

① 冉克平. 物权法总论［M］. 北京：法律出版社，2015：55.
② 王利明. 物权法研究（上卷）［M］. 4版. 北京：中国人民大学出版社，2016：144.
③ 鲍尔，施蒂尔纳. 德国物权法（上册）［M］. 张双根，译. 北京：法律出版社，2004：7.

地、草地等占有、使用和收益的权利，其内容限于种植业、林业、畜牧业等农业生产，则发包方与承包方在设立土地承包经营权的承包合同中，如果约定了农业生产以外的权利内容将不受到法律的承认和保护。其二，当事人不得约定与法定的物权内容相矛盾的权利义务内容，特别是不得违反法律的强制性规定，如《民法典》第三百六十九条规定“居住权不得转让、继承”，则当事人间关于居住权转让、继承的约定就违反了该强制性规定，该约定就是无效的。可见，在物权类型法定与物权内容法定中，“法定”的具体内涵并不完全相同：前者强调物权类型的封闭性与穷尽性；后者则仅要求行为人不得设定与“法定”物权内容相抵触的物权内容。①值得注意的是，无论是物权的类型还是内容，前述之“不得”任意创设的确切含义，仅指当事人的创设性规定对于善意第三人无约束力，而并不排除当事人间相对的效力。②

3）物权法定原则的制度价值

物权法定原则的法律价值，总体上在于确定权利效力，清晰权利边界，使交易的相对人对物权有合理预期并予以保护。具体分为以下三个方面：

第一，物权法定有利于维护和巩固基本物权制度，保护公民财产权益。物权法定原则的实质，是从法律层面确认和保护固定类型的财产关系。在宏观层面上，物权制度是国家基本经济制度的基石，需要通过由法律规定的限制物权的种类和内容，令重要的社会经济关系得到权威性的确认和巩固，形成法治化、良性运转的社会秩序。例如，我国的公有土地所有制关系经过国家土地所有权制度和集体所有权制度的调整才能上升为一种财产法律关系，从而明确产权归属，确定权利义务关系。就公民个人的角度而言，物权是公民最主要也是最重要的财产权利，能够公平、公正、安全地享有私人物权，是每个人的生活甚至生存的基本保障。如果他人或规范性文件可以任意改变或干预物权的内容，势必会危及个人的财产和生活，不利于法律对公民个人基本财产权益的维护和

① 冉克平．物权法总论［M］．北京：法律出版社，2015：57.
② 刘凯湘．物权法原则的重新审视［J］．中外法学，2005（4）：395.

保障。

第二，物权法定有利于促进物尽其用，提高交易效率。物权法定原则有利于降低交易成本。物权法定原则最直接的功能，是实现物权权利体系内部的统一化和标准化，从而形成完整而和谐的物权法体系。因为物权具有直接支配和排他的权利属性，某一特定物上不能并存内容相互重叠或相互冲突的多项物权，这就需要物权法对每一种类型的物权的内容和效力予以设计和安排，从而最大限度地促进物的利用而不引起纷争。在物权法定的框架下，法律所规定的物权类型和内容，是法律设计的最优化财产权标准，交易主体可以按照既有的标准化物权权利设计进行谈判或交易，相关的权利义务关系以及法律后果亦已清晰并且可预见，既使得当事人不必再耗费精力思考或调查其取得的物权是否有受到限制或妨害的危险，又避免了当事人因设定不符合法律要求的物权而不被法院承认，导致交易成本上升的现象。[①]

第三，物权法定原则有利于限制物权分裂。如前所述，随着交易需求的精细化，对交易主体一直存在着将其享有的物权不断分裂的利益驱动，如果允许当事人根据其需要任意创设物权，会发现分裂物权很容易、整合物权则非常困难：一方面，整合物权的利益往往由出让人享有，而分裂后再整合的成本则往往由受让人承担，这样的成本分配方式本身就不利于交易的连续和顺畅。另一方面，如果同一特定物上不加限制地设定了过多的排他性物权，将这些权利人的利益与行动协调一致、达成契约将越来越困难，亦给该物的流转带来越来越多的障碍和负担，这种物在理论上被称为“反公地物品”。任由物权自由分裂将形成大量“反公地物品”，这对于整个社会的交易秩序和交易效率将是毁灭性的打击。而物权法定原则并非禁止，而是合理地限制物权分裂，在法律限定的框架下，当事人只能选择由法律承认的少数分裂的物权，大大减少了形成反公地物品的可能性。[②]

第四，物权法定原则有利于保护交易安全。物权法定原则进一步加强了公示原则的贯彻和实施。物权的类型化和法定化是物权公示格式化

① 王利明．物权法研究（上卷）［M］．4版．北京：中国人民大学出版社，2016：149.
② 冉克平．物权法总论［M］．北京：法律出版社，2015：65.

和程序化的基础和前提，特别是在公示过程中登记系统的建立，需要以固定和明确的物权类型为基本模型才能持续高效地运转，从而发挥保护交易安全的作用。如果允许当事人自由创设各类物权，则将其纳入公示系统时将面临诸多困难和障碍。这亦决定了不动产物权和动产物权在物权法定主义下存在不同的适用尺度，因为不动产物权以登记为公示方法，其对于物权权利类型和内容的标准化要求要高于以占有为公示方法的动产物权，因此法律对于不动产物权的限制亦比动产物权更为严格。

3.2.2 物债关系的控制程序——物权公示制度

《民法典》关于公示制度的总体安排。作为物权编的总体框架性规定，物权编“通则”下共有三章，分别为“一般规定”“物权的设立、变更、转让和消灭”“物权的保护”。其中，“一般规定”“物权的保护”均是针对一切物权类型的概括性规定，而第二章“物权的设立、变更、转让和消灭”则分为“不动产登记”和“动产交付”两节，即在动产和不动产的区分之上构建了物权变动的一般规则。一般认为，物权变动模式的立法选择，是法律确认由何种类型的民事法律事实引起物权具体类型的民事法律关系变动过程，[①]因此物权变动的一般规则集中体现了依法律行为取得的动态过程中的物权本质，物权变动生效的过程亦是法律确认物权与债权区分及转化的决定性标志的过程，两者理应具有内在逻辑的一致性。

通说认为，物权编“通则”中的第二百零八条确立了物权变动的公示原则，但该条仅原则性规定了登记为不动产物权变动的公示方法，交付为动产物权变动的公示方法，却并未明确登记和交付在物权变动中发挥怎样的效力控制作用。第二章“物权的设立、变更、转让和消灭”则围绕第二百零八条的详细展开，第二百零九条、第二百二十四条则明确了公示生效主义的公示原则：对不动产物权，其设立、变更、转让和消灭，经依法登记，发生效力；未经登记，不发生效力，但是法律另有规

① 王轶. 物权变动论［M］. 北京：中国人民大学出版社，2001：15.

定的除外；对动产物权，其设立和转让，自交付时发生效力，但是法律另有规定的除外。可见，在一般情况下，登记为不动产物权变动的生效要件，交付为动产物权变动的生效要件。登记和交付分别对于不动产物权、动产物权的生效具有权利构建意义。

在物权变动上采取公示生效主义模式，等于确认了物权以绝对性为其本质属性。不动产物权以登记为生效要件，动产物权以交付为生效要件，相当于将对世效力的获得作为不动产物权、动产物权的生效标志，虽然此时物权仍旧以客体的有体性和特定性、内容的支配性为其权利特征，但在法律确认其生效时，主要以登记或交付完成，即绝对效力的获得为决定性标准（事实上在登记或交付的过程中，客体与内容亦得到了落实），相当于通过公示生效主义模式的立法选择确定了物权的绝对权本质。

值得注意的是，物权的公示原则仅适用于依法律行为发生的物权变动。根据《民法典》第一百二十九条，民事权利可以依据民事法律行为、事实行为、法律规定的事件或者法律规定的其他方式取得。因此，在物权法上还存在依法律明确规定的事由而直接产生物权变动效果的情形，如在《民法典》物权编“通则”第二章第三节“其他规定”中依法律文书或者征收决定，继承，合法建造、拆除房屋等事实行为而设立或消灭物权的，有关法律事实一经出现即产生设立或消灭物权的法律效果，无须进行公示。但此时当事人取得的物权，是效力不完整的物权，仅为静止状态的物权，该物权一旦进入流转，就必须经过必要的公示过程。此外，物权变动分为依法律行为发生的物权变动以及非依法律行为的物权变动，并不影响物权本质的确定，因为在这两种类型的物权变动中所运行的物权本体应是一致的。

3.2.3 物债关系与物权变动模式的体系联系

在物权法的诸多制度和原则中，物权法定原则与物权公示制度的内在联系最为密切，因为两者都以绝对性物权为逻辑起点，但两者制度目的以及实施层面有所不同。在以效力区分的物债关系下，对以绝对权为本质的物权而言，任何物权产生对世效力的正当性前提，是当事人以一定的方式公开向社会彰显其权利变动，从而获得社会的承认，才得以对所有人都发生一定的效力。[①]而当事人将其权利义务关系传达于外部必须依赖公示这一法定途径，[②]未经公示的物权不足以获得对世效力。因此，物权的公示不仅在现实意义上是物权获得对世效力的法定途径，亦在价值层面为物权成为绝对权提供了必要的正当性支持。但物权的绝对性本质与物权的公示制度之间的内在联系，不同于物权法定原则的实施层面，即物权的绝对权本质对物权的公示制度本身并不具有决定意义——如在《民法典》中将登记确定为不动产物权的公示方法，将占有及交付确认动产物权的公示方法，并非是因不动产物权、动产物权的绝对性本质决定，而是法律根据不动产、动产之上的物理特性、交易习惯、法律传统，甚至是地域习俗等多种因素强制规定的立法结果，即绝对性物权的本质与登记或交付的公示制度之间经过了立法者的人为创设过程，两者并不存在必然的内在联系，这意味着虽然法律对于公示制度的强制性设置决定了动产物权须经交付、不动产物权须经登记才能获得对世效力，但反过来动产物权的本质并不能决定其公示必须采取交付的方式，不动产物权的本质亦不能决定其公示必须采用登记的方式，物权的绝对性本质与特定的公示方法之间并不具有内在的实质联系，而是通过物权法定的中间机制由立法者予以确定。

但在立法论上，物权的本质属性对于在物权变动中登记或交付的效力模式具有决定性意义。具体而言，在对世性物权的权利变动中，登记或交付等公示必然作为物权变动的生效要件，亦决定了公示的效力模式相应的采用公示生效主义。因此，虽然物权的本质定位无法决定其公示制度本身，但却可以决定登记或交付等公示方法在物权变动中的效力控制功能。因此，就绝对性的物权本质而言，其有关内容与类型需要由法律强制安排，而这种强制安排的目的就是确认和维护物权的对世效力，从这个意义上而言，作为落实物权对世效力的法定途径——公示制度，应是以物权法定为上位原则的制度安排。

---

① 王轶. 物权变动论［M］. 北京：中国人民大学出版社，2001：121.

② 于海涌. 法国不动产登记对抗主义中的利益平衡——兼论我国物权立法中不动产物权变动模式之选择［J］. 法学，2006（2）：68.

3.3 多元物权变动模式下物债融合现象之体系矛盾

随着经济社会的不断发展，财产法中的以绝对性与相对性为区分特征的物债关系开始面临越来越多的现实挑战，在商品交易关系中物权与债权相互融合、相互渗透的现象持续涌现：一方面，本为物权的财产权利却呈现仅具相对性的债权特征，被称为物权的债权化现象；另一方面，本质上属于债权的权利，其效力却得到了法律的强化和扩张，被称为债权的物权化。

3.3.1 物权债权化与债权物权化之现实挑战

1）物权的债权化现象

日本民法学家我妻荣先生在其著作《债权在近代法中的优越地位》一书中指出，各种所有权的作用都是从对物支配到对人支配。所有权支配作用的增强，是指所有权本来的职能逐渐淡薄，而与其相结合的债权的色彩逐渐浓厚，这是两个互为表里的变化。例如，当土地单纯为收取地价而出租、生产设备作为企业资本出租或作为投资工具时，所有权本来对物的支配作用逐渐淡薄的同时，其对人的支配程度正在日益加强；又如商品的所有权，其静止的存续并不具有任何经济意义，只有所有权人将该商品转让给他人时，才真正体现其所有权的支配权能，其实质过程是所有权人丧失所有权，而获得价金请求权的过程。[①]虽然我妻荣先生的叙述并非指物权的债权化现象本身，但其精准地指出了目前物权制度与债权制度背后的经济联系与利益驱动。物权的债权化主要体现为以下形式：

首先是所有权的观念化。作为具有占有、使用、收益、处分四项权能的完全物权，所有权的重心由彰显特定物的“归属”转向对特定物的价值的“利用”，具体表现为两种方式，一是为他人设立用益物权，将所有物的使用价值让予用益物权人所支配；二是为他人设立担保物权，

---

① 我妻荣．债权在近代法中的优越地位［M］．王书江，张雷，译．北京：中国大百科全书出版社，1999：15-16.

将所有物的交换价值由担保物权人（债权人）支配。为他人设立用益物权或担保物权后，所有权的权能被分流，所有权人对其所有物的全面、排他的现实支配被用益物权或担保物权所架空，此时的所有权更趋于观念化，体现为借助用益物权人或担保物权人，对其所有物的使用价值或交换价值进行利用和收益，从而呈现一种相对化的债权特征。

其次是物权的证券化。资产证券化（asset securitization）是将各种资产、权利转化为流通的证券，在金融市场上进行流通而融通资金的过程。[①]金融意义上的物权证券化主要体现为不动产物权证券化和动产物权证券化。对不动产物权而言，即对土地及其建筑物上的物权，由直接的支配关系转为具有债权特性的证券形态，最为典型的就是不动产抵押权的证券化。对动产物权而言，其证券化其实是指流通中的商品、运输中的商品或在库的商品通过提单、仓单、提货单等实现了使用价值与交换价值的剥离，而彰显物权的提单、仓单、提货单等有价证券在法律上体现为一种给付请求权（债权）。[②]此外，还有货币的债权化现象，即为投资的需要，货币所有人将其所有的货币转让以取得利息收益的请求权。

最后是物权效力的相对化。例如，《民法典》对宅基地使用权、农村土地承包经营权、农村土地经营权、地役权等采取登记对抗主义的物权变动模式，即"未经登记，不得对抗善意第三人"，因此在当事人双方达成物权变动合意之时，前述的物权业已生效，且能够对抗恶意第三人，但在未经登记以前，仅具有一种类似于债权的相对效力。值得注意的是，未经登记的物权的相对效力，事实上与债权的相对效力还存在一定差别：如果第三人是知情的，则未经登记的物权仍可以对抗之，而对债权人而言，无论第三人是否知情，债权人均不能对抗，其仅得要求其债务人履行给付。

2）债权的物权化现象

首先是租赁关系的物权化。租赁关系本质上为合同关系，属于债的范畴，但相关制度安排却表现出很强的物权化特征。一是法律规定的

① 石佳友．物权法与资产证券化［J］．社会科学研究，2008（3）：21．
② 冉克平．物权法总论［M］．北京：法律出版社，2015：133．

"买卖不破租赁"原则。"买卖不破租赁"最常见适用于房屋的租赁关系，我国《民法典》第七百二十五条并未对租赁物予以限定，[①]根据《民法典》第七百二十五条，租赁物在承租人按照租赁合同占有期限内发生所有权变动的，不影响租赁合同的效力。该条赋予了租赁的债的关系具有对抗所有权的效力，但前提是"处于租赁合同占有期限内"，所以对承租人的物权法保护以交付为必要。[②]二是因为在租赁关系中承租人一般处于弱势地位，且租房状态涉及承租人的生活安宁，法律规定承租人享有优先购买权，《民法典》主要规定了两种情形，第一种情形是第七百二十六条规定"出租人出卖租赁房屋的，应当在出卖之前的合理期限内通知承租人，承租人享有以同等条件优先购买的权利"；第二种情形是第七百二十七条规定"出租人委托拍卖人拍卖租赁房屋的，应当在拍卖五日前通知承租人。承租人未参加拍卖的，视为放弃优先购买权"。有学者认为，第七百二十五条、第七百二十六条均属于禁止性效力规范，不得由当事人通过约定予以改变（否则无效）。优先购买权作为一种权利优先效力的体现，在《民法典》中除承租人外，只有共有人才享有优先购买权，可见承租人的地位已经超出了一般债权人的地位，具有一定的物权化倾向。三是在租赁法律关系中，承租人实际上对租赁物进行了直接占有、使用，但其本质仍属于债权，因此当承租人占有被侵害时，仅得依其占有而非租赁关系行使排除妨害、消除危险等保护请求权。

其次是预告登记的对世效力。根据《民法典》第二百二十一条规定："当事人签订买卖房屋的协议或者签订其他不动产物权的协议，为保障将来实现物权，按照约定可以向登记机构申请预告登记。"该条通过公示债权，巩固了债权人的地位，为债权向物权的转化提供给了顺畅通道，是标志将来不动产物权变动的登记。[③]第二百二十一条规定了法

---

① 黄薇. 中华人民共和国民法典释义（中）[M]. 北京：法律出版社，2020：1361.

② 王泽鉴先生认为，以交付为必要，一是因为租赁物交付前，承租人尚无保护必要；二是在租赁物交付前，受让人原则上尚无从知悉租赁权存在的事实，租赁物的占有具有公示功能。

王泽鉴. 民法学说与判例研究（重排合订本）[M]. 北京：北京大学出版社，2015：1106.

③ 孙宪忠，朱广新. 民法典评注：物权编（1）[M]. 北京：中国法制出版社，2020：133.

律后果，预告登记后，未经预告登记的权利人同意，处分该不动产的，不发生物权效力。与《德国民法典》第八百八十三条第二款规定的“相对不生效”的法律后果不同，该条将预告登记权利人的同意作为义务人处分行为的生效要件，换言之，我国规定的未经预告登记权利人的处分行为是绝对的不生效力。但为限制预告登记权利人滥用该权力，《民法典》第二百二十一条规定了预告登记的期限，即债权消灭或者自能够进行不动产登记之日起九十日内未申请登记的，预告登记失效。预告登记是较为典型的债权物权化现象，按照传统的物债区分理论，登记仅作为物权的公示方法，债权作为相对权，一般不具有登记能力，亦不得经登记获得对世效力。

再次是仓单、提单等物品有价证券的交付规则。对于仓单、提单等物品性有价证券，学界对其彰显的是物权还是债权一直存有争议，我国法律对此亦没有作出明确规定。一方面，法理上仓单、提单等物品证券彰显的权利本身应是债权性的请求权；另一方面，在实践中仓单和提单适用“证券交付等于物品交付”原则，使债权请求权的转移产生了物权变动的效果。具体而言，以仓单、提单占有的转移，替代物品现实占有的转移，即仓单、提单的交付虽不产生货物本身的交付效力，但能使货物的物权发生变动。换言之，交付仓单、提单等证券相当于取得了对物品行使权利的资格。不依据仓单、提单而直接受领货物的交付，被称为“无单放货”，在先前已经受领仓单、提单交付的受让人应为所有权人，其已经取得货物所有权并可对抗善意第三人。[①]

最后是共有物分管协议的物权效力。《民法典》第三百条规定了共有物的分管协议：“共有人按照约定管理共有的不动产或者动产；没有约定或者约定不明确的，各共有人都有管理的权利和义务。”理论上对共有物分管协议的性质亦存在物债之争，但通说认为其为债权。[②]在分管协议的对内效力上，其约束的是参与缔约的全体共有人，即共有人依据分管协议实施管理行为；在对外效力上，理论上存在争议，有物权效力说、债权效力说和折中说。因为在原则上分管协议的性质为债权，其

① 刘琳琳，王越. 论提单、仓单的“债权证券”性质［J］. 求索，2012（1）：160.
② 翟寅生，陈罗兰. 共有物分管协议对抗效力刍议［J］. 法治论坛，2009（2）：260.

并非以发生共有物的物权变动为内容，亦非共有物上的物权负担，并不当然随着应有部分的转让而转移于受让人（除非当事人另有约定）。但在现实操作中，如果订立分管协议后共有人又将其共有部分转让，将对已稳定的分管状态造成了破坏。故我国台湾地区所谓司法判例认为，基于公平考虑，共有人转让其应有部分的，分管协议对于受让人仍继续有效。但其前提是该分管协议已经登记，能够为第三人所知晓，其有关内容才能对当事人以外的第三人（受让人）具有约束力，没有登记的分管协议仅具有约束当事人的相对效力。①

3.3.2 物债融合之制度根源——我国多元物权变动模式之规范现状

在以效力区分的物债关系之下，在立法和实践中之所以会出现仅具相对效力的物权（物权债权化）以及具有绝对效力的债权（债权物权化），其制度根源在于我国《民法典》在“债权形式主义+公示要件主义”的一般原则以外，基于交易的现实需要，例外地承认了“意思主义+登记对抗主义”的物权变动模式，从根本上打破了物权与债权以效力区分的实质界限。

1）物权变动模式的理论类型

理论上，依法律行为发生的物权变动包含两方面要素：一是意思要素，即当事人之间需要具有关于物权变动的合意；二是形式要素，即物权变动的生效以一定的外部形式体现。基于以上两方面要素，理论上将物权变动模式区分为不同的类型。

首先是基于意思要素与形式要素的区分，物权变动模式分为形式主义与意思主义两种基本类型。其中，意思主义就是当事人间仅具有关于物权变动的合意（意思要素）便可引起物权变动的生效，而形式主义则要求物权变动除了物权变动的合意以外，还需要具备法定的外部形式。在大陆法系中，德国、瑞士、奥地利、中国等国家均采用了形式主义的

---

① 孙宪忠，朱广新．民法典评注：物权编（2）[M]．北京：中国法制出版社，2020：361-362.

物权变动模式，日本、法国，以及英美法系的大部分国家，采用的是意思主义的物权变动模式。[①]值得注意的是，意思主义并非绝对排斥登记或交付，只是此时登记或交付作为公示制度发挥作用，仅能决定物权变动是否具有对抗第三人，并不能决定物权是否生效。在形式主义与意思主义物权变动模式中物权与债权的存在形态完全不同：在形式主义中，关于物权变动的合意为债权，其转化为物权需要经过登记或交付的外部形式；在意思主义中，关于物权变动的合意可以直接引起物权变动生效，因此在形式主义下被归为债权范畴的物权变动合意，在意思主义下体现为物权的属性，并不存在债权向物权转化的过程。

其次是将形式主义细分为债权形式主义和物权形式主义。如果将物权变动的意思要素进一步细分为债权意思和物权意思，可将形式主义的物权变动模式分为债权形式主义和物权形式主义。在债权形式主义下，当事人间关于物权变动的合意是彰显债权意思的债权行为，登记和交付是不具有意思要素的事实行为，一般认为，瑞士、奥地利、中国等均采用了债权形式主义的物权变动模式。在物权形式主义下，关于物权变动的合意仍为代表债权意思的债权行为，而登记和交付则是彰显当事人物权意思的物权行为。债权形式主义与物权形式主义的根本区别在于——前者，仅债权行为是导致物权变动生效的原因行为；后者，物权行为亦是导致物权变动生效的原因行为，德国不仅采用了物权形式主义的物权变动模式，更在物权变动规则中吸收了物权行为的无因性理论，即否认债权行为对于物权变动的效力控制作用，仅承认物权行为是物权变动的原因行为。物权行为的无因性使物权与债权的区分贯彻于法律行为之中，债权行为仅产生债权的法律效果，物权行为则产生物权的法律效果。因此，在物权形式主义下，以物权变动为目的的债权合意无法通过登记或交付转化为物权。

2）公示效力模式的理论类型

如果说物权变动模式彰显了物权在当事人之间有效转移的运行机制，那么物权变动的公示制度则是法律针对物权变动的外部效力所设置

① 蒋光辉．物权公示效力论——为公示对抗主义辩［D］．武汉：武汉大学，2013．

的控制途径。因此，物权变动模式的确定还要考虑公示的需要，即为保护交易安全，生效的物权变动需要进行公示，才能具有对抗任意第三人的效力，不同的物权变动模式需要相应的公示制度控制其对世效力。总体上，物权变动的公示模式可以分为公示生效主义与公示对抗主义。在公示生效主义下，物权变动以公示过程的完成为生效的必要前提，而在公示对抗主义下，物权变动不经公示亦可生效，但只有公示后才能具有对抗任意第三人的效力。不同的物权变动模式与公示的立法制度存在一定的对应关系：

首先，意思主义的物权变动模式必然对应公示对抗主义的公示模式。因为在意思主义下关于物权变动的合意一经达成即生效，登记或交付的公示过程只能是对抗要件，不可能是生效要件。

其次，形式主义的物权变动模式一般对应的是公示生效主义的立法制度。一般而言，在形式主义下物权变动生效所需的外部形式就是公示的过程，因此登记或交付既是公示方法，又是物权变动的生效要件，物权变动生效的同时获得了对抗任意第三人的对世效力。但在特殊情况下，物权变动生效的形式要件并非物权变动的公示方法，还需要经过公示的过程才能具有对抗任意第三人的效力，如有学者认为《民法典》二百二十五条应解释为机动车、船舶、航空器等特殊动产的物权变动以交付为生效要件，以登记为公示的对抗要件，采用的就是“债权形式主义+登记对抗主义”的物权变动模式。对此，本书将在第3章第4节予以详述。

3）《民法典》中的多元物权变动模式的规范现状

《民法典》物权编“通则”第二百零八条规定了登记为不动产物权变动的公示方法，交付为动产物权变动的公示方法，却并未明确相应的公示效力模式。第二百零九条、第二百二十四条进一步明确了公示生效主义的物权公示原则——不动产物权变动经依法登记，发生效力，未经登记，不发生效力，但是法律另有规定的除外；对动产物权，其设立和转让，自交付时发生效力，但是法律另有规定的除外。可见，登记为不动产物权变动的公示方法及生效要件，交付为动产物权变动的公示方法及生效要件，总体上确立了“债权形式主义+公示生效主义”的物权变动一般原则。

如前所述，“债权形式主义+公示生效主义”的物权变动一般原则与绝对性物权与相对性债权的总体区分具有内在一致性。然而，《民法典》在一般原则以外规定了诸多特殊的物权变动规则，比如，《民法典》对宅基地使用权、农村土地承包经营权、地役权等不动产用益物权，以及动产抵押权均以当事人合意的达成作为物权变动的生效要件，但需经登记以后才能对抗任意第三人，采用了“意思主义+登记对抗主义”的物权变动模式。又如，《民法典》在第二百二十六条至二百二十八条规定了简易交付、指示交付、占有改定为交付的替代方式，确立了“债权形式主义+交付/观念交付生效主义”的变动模式，使得动产物权变动的生效并不以占有的现实转移为外部形式。此外，《民法典》第二百二十五条对机动车、船舶、航空器亦采用了登记对抗主义的公示制度，但该条仅确定了登记为特殊动产物权变动的对抗要件，未规定生效要件，属于不完全法条，需要在解释论上进一步确定其物权变动模式。在这些特殊规则下生效的物权突破了绝对性物权的整体定位，亦影响了其与债权区分和转化的具体形态。

3.3.3 不同物权变动模式下物债关系的异质性

着眼于整个物权体系，可以发现通过公示制度的介入，立法对于不同类型的物权，采取不同强度的调控力度，使不同模式下物权变动的生效呈现不同的决定性特征，物债关系的实质形态亦随之改变：

首先，对公民社会的生产生活具有基础性作用的不动产所有权，建设用地使用权、居住权等不动产用益物权，以及不动产抵押权等采取“债权形式主义+登记生效主义”的物权变动模式，在这种模式下交易安全的保护力度最大，法律的强制干预最强；其次，对于交易频率相对更高的动产物权，则为交易的便捷，转变了公示原则对占有现实转移的严格要求，仅对机动车、船舶、航空器等重要的动产进行了特殊规定，纳入登记范围，其他动产物权变动可以通过占有的观念转移替代现实交付引起物权变动生效；最后，对于宅基地使用权、农村土地承包经营权、农村土地经营权、地役权等不动产用益物权、动产抵押权则采用登记对抗主义，允许不经登记即生效，但进入流转时须以登记为前提，保护力度和干预次之。①

法律通过登记或交付控制物权变动效力的三种方式，亦使物权变动的生效呈现不同的决定性标志：以发生物权转移的买卖行为为例，第一类是在“债权形式主义+登记生效主义”模式下，物权变动以受让人的物权获得绝对效力为决定性标志，不经登记，法律即全面否认其效力，此时物权以“绝对性”为本质属性。第二类是在“债权形式主义+交付/观念交付生效主义”模式下，物权变动的生效体现为直接占有或间接占有的转移，最终以受让人对标的物实现自主支配状态为决定性标志，此时物权变动的生效以受让人取得“支配性”物权为本质特征。第三类是在“意思主义+登记对抗主义”模式下，只要当事人特定的物权变动达成意思一致，物权变动随即发生效力，但不经登记，无法对抗善意第三人，受让人取得的物权仍需以登记获得对世效力，此时物权变动的生效以买受人取得“对抗性”的物权为生效标志。

不同的物权变动模式亦决定了物债关系的实质形态存在根本差异：首先，在“债权形式主义+登记生效主义”模式下，物权与债权的区分实质为绝对权与相对权的区分，两者的区分界限在外部效力的范围之上。其次，在“债权形式主义+交付/观念交付生效主义”模式下，“支配性”的物权与债权的区分实质则更侧重于支配权与请求权的区分，两者的区别主要体现为权利行使方式上“对物的支配”与“对人的请求”的差异。最后，在“意思主义+登记对抗主义”模式下，因为物权的生效采用意思主义，此时物权与债权的区分则体现为客体的差异，以物权变动为目的的合意被归为物权，债权的范围相应限缩，其客体主要包括不涉及物的、纯粹的给付行为，以及以不特定物为对象的给付行为。可见，由于在我国的物权变动规则中并存了“债权形式主义+登记生效主义”、“意思主义+登记对抗主义”与“债权形式主义+交付/观念交付生效主义”三种形式，②物债关系的实质不再体现为单一而稳定的物债区分的理论形式，而是在不同的物权变动模式下呈现不同的存在样态。

① 陈华彬．论动产所有权让与中的交付［J］．比较法研究，2021（2）：44.

② 机动车、船舶、航空器等特殊动产的物权变动模式较为特殊，本书认为其并非一种代表性的物权变动模式，并在第3章第4节予以详述。

目前，在理论界中具有争议的物权与债权的融合，融合的焦点主要发生在物权与债权的外部效力上。由于《民法典》对于物权与债权的整体定位是绝对权与债权的区分，因此当具体衡量某一项财产权利属于物权还是债权时，首先根据其外部效力予以判断，认为具有相对效力的财产权应归为债权，而具有绝对效力的财产权应归为物权，这与我国多种物权变动模式下的物债关系的具体形态存在根本矛盾——因为物权与债权的区分并不全部以绝对权和相对权的区分形式存在。如果根据不同的物权变动模式重新定位物权与债权，会发现很多关于债权性、物权性的讨论，实际上只是绝对权和相对权的划分问题，而非物权与债权的区分问题。

综上，《民法典》物权编“通则”中的绝对性物权与相对性债权的基本定位，与不同物权变动模式下的物权债权的具体形态无法实现体系和谐。这种概念与体系的偏差源于潘德克顿学派关于物权的认识，特别是在物权概念及物债区分说上混用了概念思维和类型思维这两种立法技巧，导致同时承认“债权形式主义+登记生效主义”“债权形式主义+交付/观念交付生效主义”“意思主义+登记对抗主义”的物权变动制度所反映的物权范畴，是包含了一系列不同类型的特定物上的关系的集合，单一的物权定义自然无法全部涵盖。

3.4 本章小结

按照权利的要素分析模式（主体、内容和客体），《民法典》中的物权与债权的区分维度体现在客体、内容、效力三个方面。其中，客体、内容的差异，主要侧重于当事人的内部关系、权利内容或行使方式的区别——支配与请求的差异实为人文主义思想的作用，在萨维尼的主观权利模型中，两者本质上都是意思表示的支配领域。物权与债权之间仅效力上的区别因涉及第三人而显现于法律关系的外部，才是物债区分的决定性标志。

绝对性物权与相对性债权的区分必然在物权变动上要求采用债权形式主义的物权变动模式。与此相对应的是公示生效主义的公示制度，即物权的生效以公示为要件，此时物权一经生效即获得绝对效力。只有在“债权形式主义+公示生效主义”的变动规则下，物权与债权才能彻底地保持相对权与绝对权的区分。

物权与债权在效力上的区分特征，亦决定了财产权规范体系的内在界限，即物权以“物权编”、债权以“合同编”及“侵权责任编”体现于《民法典》体系之中：在“物权编”，规定物权效力及有关制度的法律规范以强制性规范为主，任何违反物权法定原则的法律关系将不受法律的绝对保护。而在“合同编”及“侵权责任编”，由于债权的相对性，其对于第三人影响甚微，因此在债之法律关系中，主要奉行意思自治原则，只要不违反法律强制性规定或公序良俗，当事人即可以任意约定和安排其权利义务关系，导致债权的有关法律规范呈现较强的任意性特征。同时，我国《民法典》在继承潘德克顿体系的基础上又作了一定的本土化改造，一是“不设债总、拆分债编，《合同法》与《侵权责任法》各自独编进典”。[①]二是在总则编中统一规定民事责任。打破了原有物债二分的救济体系，将原本仅适用于物权的物权请求权，仅适用于债权的债权请求权，统一规定于《民法典》总则编第一百七十九条中，据此，所有救济权利的方式被统称为“责任承担方式”，而不必追究“方式”背后的请求权属性。

在《民法典》的规范体系下，绝对性物权与相对性债权关系的协调机制是物权法定原则。因为物权的绝对效力范围可至全社会，因此法律对其权利义务安排事先作了强制类型化的设定，并要求物权当事人必须遵守这种强制安排，不得以约定改变，超出法律设定范围的约定不能获得法律的绝对保护，不能产生对世效力。以物权法律规范的这种“强制安排性”抽象为法律原则，就是物权法定原则。换言之，在创设法律规范的过程中，物权的绝对性本质构成了物权法定原则的逻辑起点。而在法律规范的运行过程中，物权法定原则的贯彻和实施，反过来确认和维护了物权的绝对性本质，并将其与仅具相对效力的债权关系作了制度区隔。

① 温世扬，朱海荣．中国民法典对潘德克顿体系的扬弃［J］．苏州大学学报（哲学社会科学版），2020，41（4）：13.

效力上控制物债关系的法定程序是物权公示制度。任何物权产生对世效力的正当性前提，是当事人以一定的方式对外彰显其权利归属及变动，从而获得社会的承认，才得以对所有人都发生一定的效力。因此，债权合同作为物权变动的原因行为，仅具有相对效力，在法律确认关于物权变动合意转化为绝对性的物权时，主要以公示的完成赋予其对抗任意第三人的正当性支持。

随着社会经济的飞速发展，以效力区分为基本逻辑的物债关系开始面临诸多现实挑战，集中表现为物权的债权化现象和债权的物权化现象。实质上，物权与债权的融合主要发生在外部效力上，即现实中的物权的债权化其实就是在商品交易关系中出现了具有相对效力的物权，而债权的物权化即为出于某种现实需要，特定类型的债权获得了法律的绝对保护。

物债边界融合的根源，在于《民法典》在“债权形式主义+公示生效主义”的一般原则以外，基于现实的需要，又例外地承认了“意思主义+登记对抗主义”“交付生效主义+登记对抗主义”等多种物权变动模式，使不同类型物权变动的生效呈现不同的决定性特征。

以买卖的交易行为为例，不动产所有权、不动产抵押权、建设用地使用权、居住权采用的是“债权形式主义+登记生效主义”模式，买受人取得物权以绝对效力为决定性特征；动产物权变动采用的是“债权形式主义+交付/观念交付生效主义”模式，其物权变动的生效仅以出让人、受让人之间实现自主支配状态的转换足矣，不以现实占有的转移为必要，此时买受人取得的动产物权以支配性为决定性标志，呈现“支配性”的本质属性；土地承包权、土地经营权、宅基地使用权、地役权等不动产用益物权采用的是“意思主义+登记对抗主义”模式，当事人只要就特定物的物权变动达成合意，即可引起动产抵押权等物权变动的生效，但要经登记后才能对抗任意第三人，此类物权变动的生效标志为当事人间物权变动的合意，但未经登记不得对抗善意第三人，买受人取得的物权呈现“对抗性”的本质属性。

不同物权变动模式下的物权变动具有不同的生效标志，亦影响了物债关系的实质形态：首先，在“债权形式主义+登记生效主义”模式下，物债关系的实质为绝对权与相对权的区分，区分界限体现在外部效力上。其次，在“债权形式主义+交付/观念交付生效主义”模式下，物债关系的实质体现为支配权与请求权的区分。最后，在“意思主义+登记对抗主义”模式下，因为物权的生效采取意思主义，仅当事人间关于物权变动的合意即可成立物权，物权与债权的区分界限集中在客体的差异，以特定物为对象的财产权均被归为物权，债权的范围相应限缩，其客体主要包括不涉及物的、纯粹的给付行为，以及以不特定物为对象的给付行为。可见，我国的物权变动规则是多种模式并存的，导致《民法典》语境下的物债区分不再体现为单一稳定的二分形式，物债关系的逻辑主线亦非恒定不变，而是在不同的物权变动模式下呈现不同的区分实质。

如果根据不同的物权变动模式重新定位物权的本质，会发现物债关系的实质并非绝对权与相对权的区分样态，很多关于债权性、物权性的讨论，实际上只是绝对权和相对权的划分问题，而非物权与债权的区分问题。这种概念与实质的偏差源于潘德克顿学派关于物权的认识，特别是在物权概念及物债区分说上混用了概念思维和类型思维这两种立法技巧，导致在“债权形式主义+登记生效主义”“债权形式主义+交付/观念交付生效主义”“意思主义+登记对抗主义”并存的混合主义物权变动制度下，实质上包含了一系列不同实质的物债关系。

4 “形式主义+公示生效主义”下物权变动的内在逻辑

以效力区分的物债关系之下，与其内在逻辑相适应的是“债权形式主义+公示生效主义”的物权变动模式。其中，不动产物权以登记为公示方法，采用“债权形式主义+登记生效主义”模式，动产物权变动以交付为公示方法，采用“债权形式主义+交付生效主义”模式。由于公示方法的不同，不动产物权的登记生效主义与动产物权的交付生效主义的实际运行具有较大差异。首先，不动产登记的公示制度准确性与稳定性较高，不动产物权的变动生效过程就是当事人的合意经登记以后获得对世效力的公示过程，故绝对性为不动产物权的本质特征。其次，动产物权变动领域的公示制度则较为复杂，因交付及占有的表征方式仅为单纯的事实状态，无法准确表征复杂的权利信息，加以《民法典》承认简易交付、指示交付、占有改定等观念交付的替代作用，产生的体系效应之一，是导致经观念交付生效的动产物权变动的外部表征较不充分或彰显，[①]体

① 经观念交付（主要是占有改定、指示交付）而取得的动产物权，其是否可以对抗善意第三人，主要取决于该第三人是否具有适用动产善意取得的可能。

系效应之二，是直接占有与间接占有的分离，导致动产物权的无权处分时有发生，法律基于保护交易安全的需要对其以善意取得制度做出特别规制，故而交付或占有的公示效力乃大多系透过动产占有的公信力而呈现。[①]此外，为保护交易安全，法律对船舶、机动车、航空器等特殊动产的所有权、抵押权在交付生效主义之上叠加登记对抗主义，以上均对交付生效主义下的动产物债关系产生了根本性影响。

4.1 登记生效主义下不动产物权变动的内在逻辑

大陆法系的物权法以不动产为中心而发育起来，而以不动产登记和公信原则为特征的物权理论为近代物权法的标志。[②]根据《民法典》第二百零九条，不动产物权的设立、变更、转让和消灭，经依法登记，发生效力；未经登记，不发生效力，但是法律另有规定的除外。可见，法律行为导致的不动产物权变动以登记生效主义为一般原则，但允许法律特殊规定作为例外（主要指登记对抗主义）。与动产物权变动中的观念交付可作为现实交付的替代方式不同，法律在不动产物权变动中仅认可登记的公示效力，由于登记行为由登记机构依法实施，登记公示力的权威性以及稳定性极高，与之相应的登记公信力的适用空间极为狭窄。

4.1.1 登记生效主义下不动产物权的“绝对性”本质

就不动产物权的具体类型而言，不动产所有权（主要是房屋所有权）、建设用地使用权、居住权、不动产抵押权等不动产物权采用的是登记生效主义模式。因为土地及房屋是每个公民生产生活最重要的基础保障，作为国计民生之本，法律必须保障其稳定、安全的交易秩序，法律规定以登记作为其物权变动的生效要件，体现了对土地及房屋交易安全的重点保护。登记是决定以上不动产所有权、用益物权变动效力的唯一形式要素，虽然不动产所有权、建设用地使用权和居住权在经公示获得对世效力以后，还涉及不动产交付等问题，但由于其对第三人利益几

① 陈华彬. 论动产所有权让与中的交付［J］. 比较法研究，2021（2）：42.
② 梅夏英. 民法上公示制度的法律意义及其后果［J］. 法学家，2004（2）：119.

乎不存在任何法律意义，法律允许当事人依其意思自主安排，对物权变动的效力并不产生作用。

抵押权是在权利性质上最适合采纳登记生效主义的权利类型。因为抵押权本质上属于价值权，价值权的实现仅与凝结在物上的财产价值相关，完全不涉及对物本身的占有和使用，其权利形态是抽象而隐匿的，只有登记才能准确记载其内容，公开宣示其效力，确保其担保功能得到有效发挥。《民法典》的出台再次为抵押权松绑，允许抵押物的自由流通与转让，从而进一步促进了物的经济价值利用的最大化。综上，对于不动产所有权、不动产抵押权、建设用地使用权、居住权等法律的规范重心集中于权利的外部效力，而对不动产的实际控制状态则在所不问，是以绝对效力的取得为决定性标志的物权，以绝对性为本质特征。

4.1.2 登记生效主义下物债关系的运行机制

登记生效主义下物债关系的运行机制，实质为作为以物权变动为目的的债权关系经登记后确认为“绝对性”物权的过程。登记作为法定的不动产物权公示方法，具有以下特征：一是登记簿的设置保证了登记信息的准确性和法定性。不同于占有或交付仅为一种事实状态，登记是由登记机构通过登记簿对不动产物权的内容进行明确记载，其稳定性以及准确性均得到有效保证，同时由于登记簿的格式和内容依法严格设置，登记簿上记载的信息具有法定性，不允许当事人任意选择。二是登记信息系统的电子化提高了登记效率，并使交易安全得到有效保障。信息技术的发展，使登记的公示功能取得了质的提高，无论当事人申请登记、还是利害关系人查询登记信息都是十分便捷的、快速的，这无疑在保障交易安全的前提下，促进了登记公示制度的高效运转。

基于登记的以上制度优势，以登记生效主义的公示效力模式无疑是物债关系的理想控制机制。在这种模式下，相对性的债权与绝对性的物权具有清晰的区分界限，而在登记过程中，以物权变动为目的的债权关系被记载于登记簿的过程就是其被法律强制类型化，有关权利义务关系经登记确认并获得对世效力的过程。债权合意中的仅符合登记簿法定要求的内容才能被依法记载、对外公示，并以此获得对世效力而转化为物权，而登记簿要求内容之外的债权合意则仍保持其债权属性，作为当事人间意思自治的结果而仅具有相对的约束力。

4.2 交付生效主义下动产物权变动的内在逻辑

4.2.1 交付生效主义的一般规则及例外

我国民法对于动产物权变动规则的规定，最早见于原《民法通则》第七十二条："财产所有权的取得，不得违反法律规定。按照合同或者其他合法方式取得财产的，财产所有权从财产交付时起转移，法律另有规定或者当事人另有约定的除外。"原《合同法》基本继承了该条的核心内容，仅做了文字上的精简，其第一百三十三条规定："标的物的所有权自标的物交付时起转移，但法律另有规定或当事人另有约定的除外。"在原《合同法》第一百三十三条的基础上，原《物权法》第二十三条规定删去了"当事人另有约定"，否认了当事人的约定可以排除物权变动公示方法的效力，仅允许交付生效主义由法律的特殊规定予以改变，强化了法定的物权公示方法对于物权变动的效力控制作用。

就动产物权的具体类型而言，《民法典》规定的动产物权类型主要包括动产所有权、动产质权、动产留置权以及动产抵押权。其中，动产抵押权因以登记为表征方式，将与不动产抵押权一并论述；而动产质权因其权利本身具有留置效力，质权人必须实现对物的现实控制（直接占有），才能确保质权的担保功能不被架空，所以动产质权的设立以交付为必要，如原《担保法》第六十四条规定："质押合同自质物移交于质权人占有时生效。"《民法典》第四百二十九条规定"质权自出质人交付质押财产时设立"，排除了占有改定、指示交付的适用；动产留置权并非因法律行为设立，而依法定事由（债务到期并未清偿）成立，并不适用基于法律行为的物权变动规则。

在此外的绝大多数情况下，在法律行为所导致的物权变动中，动产物权即动产所有权，以下论述即以动产所有权为视角展开。

1）关于“交付”的法律解释

《民法典》第二百二十四条前半段为“动产物权的设立和转让，自交付时发生效力”，是关于交付生效主义的一般规定。交付在动产物权中是具有重要制度意义的法律概念。学理上通常认为，交付分为观念交付和交付两种，交付是指动产占有的现实转移，而观念交付为占有在观念上的转移，是为交易便捷或特殊情形的需要，用以替代交付的变通方法。[①]那么第二百二十四条“自交付时发生效力”的“交付”应作如何解释？是否包括观念交付在内呢？通常认为，《民法典》第二百二十四条是第二百零八条所规定的物权变动公示原则所指的交付应为动产物权变动公示方法而言。但交付仅为基于法律行为的设立、转让物权的公示方法，而非基于法律行为的物权变动或者根本不需要交付（如先占、添附等），或者交付在其中不具有法律意义（如继承）。有观点认为，第二百二十四条的“交付”既包含交付，亦包含观念交付。观念交付是一种特殊的物权变动公示方式，交付是一般的物权变动公示方式。正因为观念交付同样可以起到公示的作用，所以也会产生与交付相同的法律公示效力。[②]另有观点则认为物权编所说的交付，指的是物的直接占有的转移，即为交付。[③]笔者认为，第二百二十四条所指的交付是否包含观念交付，应从两个方面予以考虑：首先，应对观念交付所具有的公示作用予以确认。其次，应结合第二百二十六条至第二百二十八条对第二百二十四条进行体系解释。具体而言：

众所周知，公示方法的实质是将当事人内部的法律处分传达于外部的法定途径，以一定足以为外界可识别的外部表征为必要。[④]在第二百二十四条规定的交付生效主义以后，第二百二十六条至第二百二十八条分别是关于简易交付、指示交付和占有改定的规定。其中，第二百二十六条规定“动产物权设立和转让前，权利人已经占有该动产的，物权自民事法律行为生效时发生效力”，可见简易交付的本质是占有的现实转

① 谢在全．民法物权论（上册）［M］．北京：中国政法大学出版社，2011：89．王利明．物权法研究（上卷）［M］．4版．北京：中国人民大学出版社，2016：353．

② 孙宪忠，朱广新．民法典评注：物权编（1）［M］．北京：中国法制出版社，2020：155．

③ 黄薇．中华人民共和国民法典释义（上）［M］．北京：法律出版社，2020：432．

④ 于海涌．法国不动产登记对抗主义中的利益平衡——兼论我国物权立法中不动产物权变动模式之选择［J］．法学，2006（2）：68．

移于合意达成之前已经完成，故其与交付的法律意义最为接近，亦具有一定的权利外观基础。第二百二十七条规定“动产物权设立和转让前，第三人占有该动产的，负有交付义务的人可以通过转让请求第三人返还原物的权利代替交付”，该条规定的指示交付并不呈现直接占有的转移的外观表现，仅发生间接占有在当事人之间的转移，且后半句直接将指示交付定位为“代替交付”的方式，表明指示交付本身并不能等同于交付。第二百二十八条规定，“动产物权转让时，当事人又约定由出让人继续占有该动产的，物权自该约定生效时发生效力”，该条所规定的占有改定亦不发生占有的现实转移，且关于占有的约定仅发生于当事人之间，出让人仍为标的物的现实控制人，其外观性又弱于涉及第三人的指示交付，不能认为如同交付、简易交付那样具有公示意义，自然不能与交付等同。

因此，对于三类观念交付的权利推定力并不能一概而论，特别是在指示占有、占有改定中，对动产的直接占有并未发生现实改变，其权利推定力远弱于交付，并不具有严格意义的公示作用。但在法律效果上，简易交付、指示交付和占有改定等观念交付与交付一样，可以作为引起物权变动的生效要件，只是对指示交付和占有改定而言，其是否具有对抗善意第三人的正当性基础并不充分，经上述两种方式完成的动产物权变动是否可以对抗善意第三人，主要取决于该第三人是否具有适用动产善意取得的可能。

此外，从知识渊源上看，我国学者关于“交付”具体表现形态的观点均来自德国民法学理。在德国民法中交付就是交付，其规范基础为《德国民法典》第九百二十九条。在物权合意的基础上，以交付以外的手段转移动产所有权的情形，为《德国民法典》第九百三十条规定的“占有改定”和第九百三十一条规定的“返还请求权之让与”，均为交付的替代手段，并非交付的具体形态。[①]综上所述，笔者认为第二百二十四条所指的“交付”仅限于直接占有的转移，即交付。下文所指之交付，如无特殊说明，应以交付为限，而观念交付则包括简易交付、指示

① 刘家安．论动产所有权移转中的交付——若干重要概念及观念的澄清与重构［J］．法学，2019（1）：41．

交付和占有改定。

2）交付生效主义的例外情形

在现实中，大量复杂的动产利用形态，导致占有与所有权分离时有发生，决定了不可能要求动产所有权变动一律以占有的现实转移为必要，否则将会严重妨碍物的利用。[①]于是《民法典》第二百二十四条后半段规定“但是法律另有规定的除外”，结合《民法典》的有关规定，“法律另有规定”的情形包括：

一是指非基于法律行为而生的动产物权变动不以交付为生效要件，主要指第二百二十九条至第二百三十一条规定的因人民法院、仲裁机构的法律文书或者人民政府的征收决定等，因继承的法律事实，以及因合法建造、拆除房屋等事实行为导致物权设立或者消灭的，自以上事实生效或成就时发生效力。

二是指某些特殊的动产物权变动，虽为基于法律行为的物权变动，但亦不以交付为生效要件，如海上运输的指示单证以记名背书或空白背书为生效要件（《海商法》第七十九条第二项）；[②]又如物权编第四分编“担保物权”规定动产抵押权自抵押合同生效时设立，而留置权则自债务人不履行到期债务时成立；还有合同编第六百四十一条规定的所有权保留，当事人可以在买卖合同中约定受让人未履行支付价款或者其他义务的，标的物的所有权属于出让人。

三是在基于法律行为的动产物权变动中，“法律另有规定”的情形还包括第二百二十六条至第二百二十八条关于简易交付、指示交付和占有改定的规定，[③]即不经过交付，但发生第二百二十六条至第二百二十八条所规定的情形时，法律上仍承认将产生动产物权变动生效的法律效果。

4.2.2 交付生效主义下动产物权的“支配性”本质属性

1）交付与观念交付在动产物权变动中的抽象共性

对于作为动产物权变动公示方法的交付而言，在理论和实践中还存

① 叶金强．公信力的法律构造［M］．北京：北京大学出版社，2004：17.

② 崔建远．中国民法典释评：物权编（上卷）［M］．北京：中国人民大学出版社，2020：132.

③ 黄薇．中华人民共和国民法典释义（上）［M］．北京：法律出版社，2020：432.

在对其性质的讨论，主要有“事实说”和“法律行为说”两种观点。主张交付为法律事实的观点认为，物权编所说的交付，即一方按照法律行为的要求，将物直接占有转移给另一方的事实，[①]并不包含当事人间的意思要素。而坚持交付的性质为法律行为的观点认为，交付作为物权变动的公示方法，当然是受当事人之间关于物权变动的意思表示的推动并且表示这一意思的行为。如果没有物权变动的意思表示的推动，交付就会成为其他意义上的行为，而不能成为物权的公示方式。[②]笔者赞同第二种观点，交付的性质应为法律行为，而非法律事实。判断交付的性质的关键在于，法律是否承认交付含有具有法律意义的意思要素。本书认为，交付与观念交付一样，在其引起动产物权变动生效的作用机制中，当事人间转移所有权的意思要素发挥了实质作用，使其具有法律行为的基本特征。

指示交付与占有改定等观念交付本身不具有足以为外界所识别的权利外观，却仍能与债权合意共同引起物权变动的生效，表明观念交付存在某种法律意义，使法律承认其价值，构成物权变动的效力来源。在理论上，观念交付源于占有体素和心素的分离，即使人与物本身之间并不存在物理的结合关系，但法律仍认为其占有之心素依然存在，且他可以通过辅助人对物实施占有或事实控制。[③]虽行为表现各不相同，但观念交付产生法效果的过程均可抽象为：一方面，出让人放弃了自主占有的意思；另一方面，受让人以自主占有的意思开始对标的物的支配。[④]因此，即使标的物的占有并未现实转移，但通过观念交付，受让人已经替代出让人，以所有权人的意思开始对标的物进行支配。例如，在指示交付过程中，占有媒介人由“为出让人占有”的意思转换为“为受让人占有”的意思；在占有改定中，则体现为出让人“自主占有”的意思转换为“他主占有”的意思，通过观察可以发现，在交付中亦实现了类似的意思转换过程。值得注意的是，根据

① 黄薇. 中华人民共和国民法典释义（上）［M］. 北京：法律出版社，2020：432.
② 孙宪忠. 中国物权法总论［M］. 3版. 北京：法律出版社，2014：311.
③ 孙宪忠. 物权法的实施：物权确定（第一卷）［M］. 北京：社会科学文献出版社，2013：151.
④ 刘家安. 论动产所有权移转中的交付——若干重要概念及观念的澄清与重构［J］. 法学，2019（1）：49.

《民法典》第二百二十七条、第二百二十八条，在当事人达成合意时即视为指示交付、占有改定已完成，并不以该意思到达直接占有人为必要，故有学者提出在动产物权变动中，交付所具有的法律效力对外是根源于它对于所有权转让进行了公示，而对内则是根源于其所表达的使所有权在当事人之间发生变动的合意。[①]但该合意引起物权变动生效的过程，却与意思主义的物权变动模式存在本质区别：在意思主义模式下，当事人“物权变动合意达成之时”即完成物权的转移，而在形式主义模式下“受让人自主支配意思的达成”独立于物权变动的债权合意而存在，两者之分离在未来物、种类物买卖中体现得更为明显。可见，交付其实亦包含了支配意思的转换过程，仅在交付中该意思转换蕴含于现实占有转移过程之中。

综上，在“债权形式主义+交付/观念交付生效主义”模式下，若仅从法律关系内部观察，受让人在出让人的协助下，对标的物实现自主支配的状态，才是动产物权变动在当事人间生效的决定性标志。同时，由于交付或观念交付又是动产物权的公示方法，使得受让人达成自主支配状态的同时亦获得了对抗第三人的绝对效力。本书认为，在物权变动的对外效力上，交付和观念交付产生法律效果存在一定差异：以交付、简易交付完成的物权变动以占有的现实转移为外部表征，该“可识别性”为其对世效力提供了正当性支持；而以占有改定、指示交付实现的物权变动仅为当事人间支配意思转换，并不具有足以使“外界可识别的表现方式”，[②]亦由法律承认具有对世效力，且该对世效力在符合《民法典》第三百一十一条时可以被善意取得制度所否定或者切断。可见，虽然“支配性”的物权亦具有绝对效力，但该绝对效力对于物权变动的生效而言，并非决定其本质的首要标志。

2）动产所有权与动产质权的支配性本质

在基于法律行为的动产物权变动中，采取交付生效主义的动产物权类型主要包括动产所有权和动产质权。

① 汪志刚. 准不动产物权变动与对抗［J］. 中外法学，2011，23（5）：1026.
② 叶金强. 公信力的法律构造［M］. 北京：北京大学出版社，2004：14.

首先，对动产所有权而言，观念交付在动产所有权变动规则上的适用，削弱了公示原则在动产所有权变动上的贯彻力度，使得不具有占有转移的外观的物权变动亦可以生效。但因为受让人已经实现了对标的物的自主支配，法律仍承认受让人享有所有权人地位，在这样的语境下，动产所有权的本质属性体现为支配性而非绝对性。

其次，对动产质权而言，其本质属性亦体现为支配性而非绝对性。关于动产质权最早的规定是《担保法》（已废除），其第六十四条第二款规定的是“质押合同自质物移交于质权人占有时生效”，该条将质押合同的效力与质权本身之效力混为一谈，从而违背了物债区分的基本法理，但亦明确了质权设立的关键为“质权人取得占有”，且该占有应为直接占有的实际转移。而原《物权法》第二百一十二条及《民法典》第四百二十九条规定“质权自出质人交付质押财产时设立”，且并未留有允许法律特殊规定的但书条款，将占有改定、指示交付等方式排除在外，严格施行了交付生效主义的物权变动模式。德国民法和日本民法亦秉持类似的立法精神，均不承认占有改定方式可以设立动产质权，但《德国民法典》第一千二百零五条第二款规定所有权人为间接占有人的，所有权人可以将间接占有转让给质权人替代交付，但必须将出质通知占有人。[①]

动产质权严格贯彻交付生效主义的用意并非在于贯彻公示原则，而在于质权的担保物权性质本身要求质权人必须实现对质物的实际控制，而这通过以间接占有的取得为标志的指示交付和占有改定无法实现。为确保质权的留置效力不归于空虚，现已废除的《物权法》和《民法典》在质权的设立上均排斥了指示交付和占有改定的适用。从这个意义上而言，虽然法律没有明确规定，因为简易交付在法律意义上更贴近于交付的应有之义，其本质为占有转移的事实先于占有转移的合意（在质权设立中体现为质押合同），通过简易交付的质权人亦可以实现对质物的实际控制，故质权的设立不应排斥简易交付。

① 孙宪忠，朱广新．民法典评注：物权编（4）［M］．北京：中国法制出版社，2020：137.

4.2.3 交付生效主义下物债关系的运行机制

1）交付生效主义下物债关系的实质形态

以买卖的交易行为为例，以交付/观念交付生效主义为变动模式的动产物权，以出让人与受让人间对物的自主支配状态的转换为物权转移的生效标志，可见交付/观念交付生效主义下物权与债权体现为支配权与请求权的区分形态。关于支配权的直接定义在我国的现行规定中无从找寻，仅在《民法典》第一百一十四条关于物权的定义中提到"物权是权利人依法对特定的物享有直接支配和排他的权利"，其中"支配"作为物权的权利行使方式，体现了物权作为支配权的法律内涵。如前所述，《民法典》对物权与债权的直接界定均体现了一种两面性，使得物权与债权在定义上呈现一种内外兼顾的区分形式，即《民法典》将物权的法律内涵置于"对物的直接支配"与"对任意第三人的排他"两方面，而将债权的法律内涵界定为"请求为或者不为一定行为"和"仅得请求特定义务人"两个方面，导致物权与债权在权利内容上体现为支配权与请求权的区分，而在效力上体现为绝对权与相对权的区分。事实上，在不同的物权变动模式下，这两方面的区分并非同时具备。

尽管在历史法学家萨维尼提出的"法律关系的本质为个人意思的独立支配领域"中，支配权的权利轮廓已经初步显现，但此时支配权并非与物权紧密相连，而是作为一切权利的基本形态存在。真正具有独立意义的支配权概念是近代潘德克顿法学派的理论贡献，并在《德国民法典第一草案》及其《立法理由书》中明确提出。潘德克顿法学派倾向于将支配权置于与请求权相区别的角度予以定义，即请求权人的意思实现，必须借助于相对义务人的意思协作；而支配权人的意思实现，则无须借助他人的意思协作，仅凭单方面的意思即可。[①]在这种支配权的概念下，物权即为无须借助他人帮助，直接支配特定物的权利。[②]

那么作为支配权的物权是否以绝对效力的取得为必要呢？就物权概

① 金可可. 论支配权概念——以德国民法学为背景［J］. 中国法学，2006（2）.

② 支配权的概念起源于物权，但最终被《立法理由书》确立的支配权概念，与形成权、抗辩权共同构成了新权利体系，此时支配权事实上已经超越了物权的范畴。

念的起源而言，物权起源于古罗马法上的对物之诉。对物之诉针对物本身，则无论该物辗转何处，关于该物的生效判决对任何人都有约束力，故“对物”的效力发展出了对任何人均有约束力的对世效力；而在对人之诉中，由于诉讼判决是对特定人做出的，其约束力仅限于特定的人。后世学者由对物之诉与对人之诉的约束范围抽象出的对人权与对物权的区分，即对物权呈现一种复合的权利结构，首先作为一种直接的人对物关系，在此基础上才进一步发展为权利人与一切不特定人的关系，而对人权则体现为单一的权利人与特定相对人之间的关系。正是这种义务人范围的区别，才使得对物权与对人权进一步演化为绝对权与相对权的区别。①可见，在物权概念的历史演变中，物权的支配性一直被淹没于物权的对物性之中。事实上在物权的“对物性”之中，暗含了人与物之间的作用方式，即支配权的本质特征，且这种支配性特征是物权对物性的直接产物，而物权的绝对性则是在对物性、支配性之上进一步的衍生效力。可见，在物权概念的起源上，物权的支配性源于物权的“对物性”，属于“人对物关系”的构成要素，而绝对性是在此基础上衍生了“人与人关系”的权利特征。可见，物权的支配性产生于物权的内部关系，相对独立于物权的对外效力。

2）交付生效主义下物债关系的运行机制

首先，在经交付、简易交付生效的物权变动中，交付、简易交付的完成意味着标的物的占有从出让人现实地转移至受让人，一方面受让人通过取得占有而实现了对标的物的实际控制，构成了支配权的现实基础；另一方面在出让人与受让人之间的占有转移使得该物权变动具有了必要的“外部可识别性”，构成对世效力的正当性支持，因此在这个过程中，受让人取得的物权属于支配性本质，但亦达到了绝对效力的圆满状态。

其次，在经指示交付、占有改定生效的物权变动中，受让人以取得间接占有的方式实现了对标的物的支配，满足了支配权的事实构成，但因为缺乏足以为外界可识别的外观——占有的现实转移，受让人取得的

① 金可可．简论罗马法上对人之诉与对物之诉的区分［J］．学海，2007（4）：184.

物权欠缺了必要的权利外观基础。此时，虽然法律仍承认经占有改定、指示交付取得的动产物权具有对世效力，但由于权利外观基础的薄弱，其与经交付生效的动产物权仍有一定差异。该物权变动是否可以对抗善意第三人，主要取决于该第三人是否符合动产善意取得的构成要件。如果该第三人满足了善意取得的构成要件，则经占有改定、指示交付取得的动产物权不得对抗之；如果该第三人无法通过善意取得成为动产物权人，法律仍承认经占有改定、指示交付的动产物权变动具有对世效力。从这个意义上而言，交付或占有的公示效力乃大多系透过动产占有的公信力而呈现，[①]动产善意取得的适用亦是交付/观念交付生效主义下物权变动的关键环节和特殊方面。

4.3 交付生效主义下物债运行机制之特殊方面——动产善意取得

在交付/观念交付生效主义下，以物权变动为目的的债权向物权的转化机制，可以概括为“债权+有权处分+交付或观念交付=物权”的过程，这种转化机制在形式上与登记生效主义模式十分相似——只是将形式要件由交付或观念交付替换为登记，但事实上两者的运行机制差异巨大。

4.3.1 交付生效主义下的物债运行机制的特殊方面——无权处分

交付/观念交付生效主义模式与登记生效主义模式差异的根源就是公示方法的不同，登记和交付作为公示方法的权利外观基础是不同的。因为登记能够准确记载和表征权利内容，同时具有登记机构的公权力支撑，其权利外观基础十分坚实。而以“支配性”为本质属性的物权以占有为权利表征方式——一方面占有本身是一种单一的事实状态，并不能

---

① 陈华彬. 论动产所有权让与中的交付［J］. 比较法研究，2021（2）：42.

表征复杂的权利内容，如果不辅以必要的原因行为（债权合同），占有仅能表征动产所有权；另一方面在现代经济社会中，为提高物的利用效率物权人将其物的占有转移于他人的情况甚为常见，故较以登记为表征的物权而言，占有人对标的物进行无权处分的情形更加容易发生。[①]在一般情况下，无权处分的前提下，以物权变动为目的之债权因缺乏必要的权利来源，无法通过交付或观念交付转换为物权。但由于占有的权利外观基础过于薄弱，为保护善意第三人的信赖利益，进而在更宏观的层面维护该信赖利益所代表的交易安全，当“支配性”的物权的真实权利状况与占有的外观发生错位时，法律基于优先保护交易安全的价值判断做出了特别规制，即在法律所规定要件成立时需要切断真实权利人的物权追及效力，并对物权予以重新确认——这反映了正常交易秩序之外法律对于“支配性”的物权归属的强制干预，亦为交付/观念交付生效主义下债权向物权的转化机制增加了无权处分的视角。

可见，即使在无权处分的前提下，基于保护交易安全的需要，以物权变动为目的的债权仍能转化为物权，其转化机制就是动产善意取得制度的适用过程。从另一个角度而言，善意取得的适用还是决定以“支配性”为本质属性的物权能否对抗第三人的关键环节。如果该第三人满足了善意取得的构成要件，则“支配性”的物权不得对抗之；如果该第三人无法通过善意取得成为动产物权人，则法律仍承认经占有改定、指示交付而取得的动产物权，相当于其产生了对抗善意第三人的效力。可见，虽然在交付/观念交付生效主义下“支配性”的物权亦具有绝对效力，但其与登记生效主义下物权具有持续稳定的绝对效力有所不同，是受到动产善意取得制度限制的绝对效力，[②]故在交付/观念交付生效主义下善意取得制度亦为以物权变动为目的的债权转化为物权形态的不可或缺的角度。

4.3.2 动产善意取得之法律前提

动产善意取得以无权处分为前提。无权处分被称为“法学上的精

① 以登记为表征的物权，登记名义人不是真实权利人的情况并非绝对不存在，但其几率远低于占有所表征的物权。

② 虽然不动产物权的对世效力亦可能受到不动产登记公信力制度的限制，但是其发生几率和适用空间都极低，与“支配性”的物权有本质区别。

灵”，[①]其对应的法律概念为处分行为。而我国其实并不存在严格意义的处分行为与负担行为的区分。《德国民法典》在法律行为之上仍旧严格贯彻物债区分思想，将法律行为区分为物权行为与债权行为，并赋予物权行为以无因性以达到保护交易安全的目的。我国民法在解释论上多数不承认独立的物权行为。其原因有二：一是与德国、法国、瑞士以及日本等国规定的单一的形式主义与意思主义的物权变动模式不同，物权行为的无因性理论与登记生效主义与登记对抗主义模式并存的立法现状无法相容。二是动产善意取得制度以及不动产登记的公信力制度完全可以替代物权行为无因性，从而发挥保护交易安全的功能。因此，我国民法上处分行为的性质就是以法律处分为目的的债权合同。原《合同法》第五十一条首次对无权处分问题作了规定，在理论上引起了诸多争议，此后原《物权法》和《买卖合同解释》在物权变动模式、区分原则、善意取得制度等方面均对此进行了回应和修正，《民法典》更是对无权处分制度进行了实质性的修正与完善。

1）我国关于无权处分行为效力规定的历史回溯

在债权形式主义的物权变动模式下，无权处分行为即为当事人间无权处分的债权合同。《民法典》以前，原《合同法》第五十一条是关于无权处分行为的效力问题的直接规定，其规定“无处分权的人处分他人财产，经权利人追认或者无处分权的人订立合同后取得处分权的，该合同有效。”除了第五十一条外，事实上原《合同法》存在着有关无权处分合同效力的规范群，至少还有（但不限于）第一百三十二条第一款规定“出卖的标的物，应当属于出卖人所有或者出卖人有权处分”，第一百五十条规定“出卖人就交付的标的物，负有保证第三人不得向买受人主张任何权利的义务，但法律另有规定的除外”。其中，若对原《合同法》第五十一条进行反对解释，会得出“未经权利人追认或者无处分权的人订立合同后取得处分权的，无权处分合同无效”的结论，这与第一百三十二条第一款在法政策上保持了一致，却与第一百五十条存在明显

① 无权处分，是指没有处分权而处分他人财产。“处分”作为民法基本概念之一，实际上存在广义与狭义之分。最广义的处分包括事实处分与法律处分，广义的处分则仅指法律上的处分，包括处分行为和负担行为，狭义的处分则仅指处分行为。原《合同法》第五十一条所指的处分，应为法律上的处分。
冉克平．物权法总论［M］．北京：法律出版社，2015：240.

矛盾，因为第一百五十条规定的出卖人的权利瑕疵担保义务，当以权利瑕疵（含无权处分）和合同有效为前提。在司法实践上，2009年《最高人民法院关于适用〈中华人民共和国合同法〉若干问题的解释（二）》第十五条、2012年《最高人民法院关于审理买卖合同纠纷案件适用法律问题的解释》第三条均支持了原《合同法》第一百五十条，重申了无权处分合同有效的立场，这种与原《合同法》第五十一条、第一百三十二条完全对立的态度值得深思。

若将无权处分置于物权变动模式的框架下思考，原《合同法》第一百五十条与同采用债权形式主义的奥地利法一样，均规定了权利瑕疵担保责任，却与奥地利法间接承认无权处分合同有效不同，第五十一条明显借鉴了德国法无权处分行为效力待定（《德国民法典》第一百八十五条）的规定。德国法采用物权形式主义，处分权是物权行为的生效要件，故无权处分行为（物权行为）效力待定属于物权变动模式体系效应的逻辑结果，是符合其物权变动模式内在要求的立法选择。[①]而通说认为我国不承认物权行为的独立性，原《物权法》确定了以债权形式主义为一般原则的物权变动模式，并不承认物权行为的独立性和无因性，若第五十一条仍采用“无权处分合同效力待定”的立场，既不符合我国物权变动模式的内在要求，在理论上亦难以自圆其说，学界因此产生了关于第五十一条的热烈讨论。

原《合同法》第五十一条的观点主要可以分为四类，一是债权合同效力待定说[②]；二是债权合同效力待定，但不得对抗善意第三人说[③]；三是债权行为有效，处分行为效力待定说[④]；四是债权合同有效说[⑤]。这些观点从不同角度出发，对无权处分合同的效力问题进行了深入论证，笔者不再班门弄斧。总之，在债权形式主义下，一个（以物权变动为目的的）交易行为的完成，是应在两种不同的法律事实基础上完成进

① 王轶．物权变动论［M］．北京：中国人民大学出版社，2001：204.
② 梁慧星．如何理解合同法第51条［N］．人民法院报，2000-01-08.
崔建远．无权处分辨——合同法第51条规定的解释与适用［J］．法学研究，2003（1）.
③ 王利明．物权法研究（上卷）［M］．4版．北京：中国人民大学出版社，2016：436.
④ 韩世远．无权处分与合同效力［N］．人民法院报，1999-11-23.
⑤ 王轶．物权变动论［M］．北京：中国人民大学出版社，2001：213-217.
翟云岭．再论无权处分合同的效力——为《买卖合同司法解释》第3条辩护［J］．法商研究，2015，32（6）.
冉克平．物权法总论［M］．北京：法律出版社，2015：274.

行的：一个是请求权即债权成立所依据的法律事实，即双方当事人对合同完全意思表示一致的事实，决定合同生效并产生法律约束力；另一个法律事实是物权发生变动的事实，也就是动产交付或不动产登记的事实。[①]立法者已经明确承认了区分理论，至于其属于负担行为与处分行为的区分抑或是物权变动的原因与结果的区分、合同效力与合同履行的区分，还是称为债权行为与物权行为的区分、物权变动与其基础关系的区分更为贴切，都无关紧要。事实上，各种称谓在解释结果上并无本质不同。[②]在承认区分原则的基础上，以上四类观点的差异来自于区分的维度不同，其根源在于处分权在物权变动中的定位差异，即处分权作为何种有效要件对物权变动进行控制：在“债权合同效力待定说”和“债权合同效力待定，但不得对抗善意第三人说”中，处分权是债权合同的有效要件；在“债权行为有效，处分行为效力待定说”，处分权是处分行为的有效要件；在“债权合同有效说”，处分权是物权变动的有效要件。其中，“债权行为有效，处分行为效力待定说”等于承认了独立的物权行为，已脱离了债权形式主义的物权变动模式，在此暂不讨论。

2）《民法典》对无权处分行为效力的修正

由于第五十一条自原《合同法》施行以来一直在理论和实践中存在较大争议。因此在《民法典》编纂过程中，删除该规定的建议受到较多支持。《民法典》合同编最终采纳了这一意见，删去了原《合同法》第五十一条的内容。其积极之处在于：

第一，确认无权处分合同不因处分权欠缺而无效，对于真实权利人、善意受让人更为有利，更符合公平和诚信原则。一方面，这样修改确保了物权人依旧享有标的物所有权，另一方面也保护了受让人的权益，因为依原《合同法》第五十一条，无权处分合同因未获真实权利人的追认或许可而无效时，受让人只能主张缔约过失责任，而依《民法典》第五百九十七条，[③]受让人得解除合同或请求无权处分人承担违约

① 孙宪忠. 中国物权法总论［M］. 3版. 北京：法律出版社，2014：191.

② 翟云岭. 再论无权处分合同的效力——为《买卖合同司法解释》第3条辩护［J］. 法商研究，2015，32（6）：93.

③ 《民法典》第五百九十七条规定，因出卖人未取得处分权致使标的物所有权不能转移的，受让人可以解除合同并请求出卖人承担违约责任。法律、行政法规禁止或者限制转让的标的物，依照其规定。

责任。以上制度安排彰显了合同对当事人的约束力，有利于倡导诚信价值、维护交易安全和优化营商环境。[①]第二，承认欠缺处分权不影响合同效力，亦是国际上的通行做法，如国际商事合同通则、欧洲合同法原则等均明确规定，当事人在签订合同时对标的物无处分权不影响合同的效力，《民法典》的修改也更利于我国立法与国际接轨。

然而，亦有学者对于《民法典》关于无权处分合同效力的调整持否定态度，认为“这种模式在根本上不是妥当的利益衡量使然，而是逻辑推演的结果”。[②]逻辑源自德国民法理论中的将法律行为区分为负担行为和处分行为之分。其中因处分行为负有引发物权变动的功能，故强调该处分行为以标的物确定、处分人有处分权为前提，此时负担行为仅作为发生合同的行为，无须与处分权相结合。但在我国并不承认独立的处分行为，按照《民法典》的体系设计，买卖合同肩负着既引发债权债务又引起物权变动的双重任务，处分权不能与之脱离。此外，《民法典》第五百九十七条的另一缺陷在于，赋予受让人追求无权处分人违约责任之权时，没有区分受让人的善意与恶意，亦没有区分出卖人的过错，在利益权衡上考虑不足，难谓实现了正义。[③]

3）处分权在物权变动中的功能与定位

本书认为，根据《民法典》，处分权本非债权合同效力的有效要件。从整个民事制度而言，《民法典》总则编关于民事法律行为效力的一般规则的规定，无论是正面列举还是反面排除，均未明确规定处分权对法律行为效力的影响。《民法典》以前，原《合同法》第五十二条至第五十四条规定的合同无效或可撤销事由中，也未将无处分权列入其中。有学者认为，如果说无权处分行为会对合同效力产生一定影响，它也只能与签约过程的合同真实性要件比较密切，即出卖人以物权人的名义进行交易而实际上并无处分权，而在此种情况下，出于对受让人信赖利益的保护，合同法上往往将意思表示存在真实性瑕疵作为合同可撤销的事由，而非合同无效的事由。[④]笔者认为，从意思表示真实性的角度理解

---

① 石宏. 合同编的重大发展和创新［J］. 中国法学，2020（4）：57.
② 崔建远. 无权处分再辨［J］. 中外法学，2020，32（4）：866.
③ 崔建远. 无权处分再辨［J］. 中外法学，2020，32（4）：866.
④ 彭诚信，李建华. 善意取得合同效力的立法解析与逻辑证成［J］. 中国法学，2009（4）：87.

“无权处分”，是在合同内部进行的法理观察，而处分权与债权合同效力的关系应是相对独立的。理由如下：

其一，从处分权的法律内涵来看，其反映的是人对于物的支配关系，已然脱离了债权合同效力的控制范畴，同时，债权作为相对权，仅具有合同内部的拘束力，不应以彰显对世性的处分权为其效力控制要件。其二，现实中的未来物、种类物、连环交易大量存在，合同订立时出让人通常不具有处分权，甚至标的物也非特定化，不可能、也无必要以处分权控制合同效力。诸多大陆法系国家的立法例即印证了这一点，法国、奥地利、意大利、西班牙等国均以出让人的权利瑕疵担保义务的方式来保护受让人的利益，认可债权合同生效时出让人不必享有所有权或处分权。①

笔者认为，在排除处分权为处分合同的有效要件以后，处分权仅得以为物权变动的有效要件。我国《民法典》规定物权变动生效以债权合同有效为必要前提，而处分权作为所有权权能的体现，一方面并非债权合同的有效要件，另一方面可以对抗债权合意和交付而阻碍物权变动的生效，体现出对物权变动效力的独立控制作用。②有学者主张，原《物权法》第十五条已明确将合同效力与物权变动区分开来，在立法上便有了如此选择的可能：既然合同有效、公示、处分权构成物权变动的充分必要条件，不一定非以合同效力待定或者无效来限制物权变动，而可以使债权合同有效，同时以公示或者处分权作为物权变动设立的特别要件。③因此，在无权处分情形，合同效力并非未定，而是确定有效的，效力未定的应当是处分人履行合同的行为以及结果，即物权变动的效力未定。综上所述，善意取得中的转让合同应为有效的合同。

通说认为，物权变动的生效，应是在两种不同的法律事实基础上完成进行的：一个是请求权即债权成立所依据的法律事实，即双方当事人对合同完全意思表示一致的事实，决定合同生效并产生法律约束力；另一个法律事实是物权发生变动的事实，也就是动产交付或不动产登记的

---

① 《法国民法典》第一千一百三十条，《奥地利民法典》第一千二百七十五条，《意大利民法典》第一千四百七十二条，《西班牙民法典》第一千二百七十一条。

② 例如《民法典》第三百一十一条前半段即明确规定，在不适用善意取得的前提下，无处分权人将不动产或者动产转让给受让人的，所有权人有权追回。

③ 冉克平．物权法总论［M］．北京：法律出版社，2015：263.

事实。[1]立法者已经明确承认了区分理论，至于其属于负担行为与处分行为的区分抑或是物权变动的原因与结果的区分、合同效力与合同履行的区分，还是称为债权行为与物权行为的区分、物权变动与其基础关系的区分更为贴切，都无关紧要。事实上，各种称谓在解释结果上并无本质不同。[2]《民法典》第五百九十七条已经明确，处分权不是债权合同的生效要件，事实上根据区分原则，处分权与债权合同效力的关系必然是相对独立的。因此，处分权应为物权变动的有效要件。既然合同有效、公示、处分权构成物权变动的充分必要条件，不一定非以合同效力待定或者无效来限制物权变动，而可以使债权合同有效，同时以公示或者处分权作为物权变动设立的特别要件。[3]

4.3.3 动产善意取得之价值判断

从体系逻辑上讲，无权处分和善意取得本身就是一个相互衔接的意义整体，前者是后者的适用前提，后者则是为了解决前者所诱发的物权归属问题而专门设立的制度。[4]善意取得制度是为保护交易安全而设立的现代物权制度。其背后基本价值取向是法律既保护静的安全，更维护动的安全，当两种安全利益发生冲突时，优先保护交易安全。[5]

1）动产善意取得的制度根源

法律通过设置善意取得制度以切断物权的追及效力，其根源在于交付的公示功能的退化，不足以支撑该追及效力的实现。通说认为，《民法典》第二百零八条确立了物权变动的公示原则，但在该条的统领下，公示原则在不动产物权、动产物权领域的具体实施却存在很大差异。例如，《民法典》第二百一十六条明确了不动产登记簿的权利推定效力，而并未对动产的占有或交付有类似规定；又如，除债权合意外，登记是不动产物权变动生效的唯一形式要件，而在“动产交付”一节中则规定了简易交付、指示交付、占有改定等交付的替代方式。以上差异的根源

---

① 孙宪忠. 中国物权法总论［M］. 3版.北京：法律出版社，2014：191.

② 翟云岭. 再论无权处分合同的效力——为《买卖合同司法解释》第3条辩护［J］. 法商研究，2015，32（6）：93.

③ 冉克平. 物权法总论［M］. 北京：法律出版社，2015：263.

④ 汪志刚. 准不动产物权变动与对抗［J］. 中外法学，2011，23（5）：1027.

⑤ 王利明. 试述占有的权利推定规则［J］. 浙江社会科学，2005（6）：63.

在于，一方面，登记与交付虽同为物权变动的法定公示方法，其权利推定效力却有所不同。登记是准确性、稳定性极高的公示方法，随着信息技术的发展，不动产登记信息管理基础平台的建立更强化了其保护交易安全的技术保障。相对而言，交付以占有转移为外部表征，在动产所有权的占有与其他权能分离的常态下，仅通过占有的单一状态，第三人很难准确推断占有人享有何种权利、处于何种法律关系之中，其权利推定效力无法和登记相提并论。另一方面，对于交易频繁的一般动产而言，交易安全并非绝对优于交易效率的法价值目标，两者经常处于难分伯仲的博弈之中，在动产交易的现实需求下，需要更为灵活、便捷的简易交付、指示交付、占有改定等作为交付的替代和补充。而在指示占有、占有改定中，对动产的实际占有并未发生现实改变，其权利推定力又远弱于交付，并不具有严格意义的公示作用，大大削弱了公示原则在依法律行为的动产物权变动中的严格贯彻。

如果说物权公示的权利推定效力是当事人的信赖据以产生的条件，而物权公示的公信力则是使当事人的信赖所产生的利益得以保护的依据。公示的公信力是对于公示方法的权利推定效力的反面维护，即当依公示方法所表现的物权与真实权利状态不一致时，对于信赖此项公示方法所表示的物权状态而为交易行为之人，法律仍承认其具有与真实物权状态相同的法律效果，以为保护的原则。对于“支配性”的物权（动产物权）而言，占有为其法定的公示方法，但如前所述，仅占有的单一状态很难准确地彰显动产物权的复杂状态，尽管很多国家立法或实务意识到并非仅存在动产占有的外观，但仍通过动产善意取得制度赋予占有一定的公信力。究其原因，一方面在于登记成本，为数量庞大、种类繁杂的动产逐一设置登记制度既需要付出巨大的人力物力，同时亦大大限制了动产的流通效率。另一方面则在于价值判断上，赋予占有公信力，可以确保已形成的动产交易链条不被中断，即以牺牲真实权利人的“静之安全”为代价，保护了市场整体效益的“动之安全”。但由于立法对于指示交付、占有改定观念交付的承认，令现实的占有及占有的转移缺乏足够的推定力支撑，所导致的后果是占有的公示功能正在逐渐退化，需要公信力制度进行维护。为了平衡真实权利人的利益与交易安全的保护，近代诸国立法多使占有公信力通过动产善意取得制度加以表现，而非以其独立功能表现存在，并对于动产善意取得的成立规定了更为详细和严格的条件。

需要说明的是，《民法典》第三百一十一条还同时规定了不动产登记公信力制度，相对于国外立法例单独规定动产善意取得的普遍做法，这种合并立法的方式不失为一种立法技术上的创新，但由于理论上不动产登记公信力与动产善意取得制度具有完全不同的法理基础与适用条件，"善意取得"一般仅指动产的善意取得，不包含不动产在内。本书亦以此为前提。

虽然《民法典》第三百一十一条基本复制了原《物权法》第一百零六条的条文表述，但由于与其相关的法律条文、司法解释等内容发生了实质变化，支撑动产善意取得制度的规范体系亦随之更新和完善，如《民法典》对于无权处分合同效力待定规定的放弃，导致无权处分合同不因欠缺处分权而无效，必然对以无权处分交易为背景的善意取得产生实质性影响；又如《民法典》颁布后，《最高人民法院关于适用〈中华人民共和国民法典〉物权编的解释（一）》（以下简称《物权编司法解释（一）》）在善意时间的认定、转让合同效力等问题上进一步完善了原《物权法司法解释（一）》，这意味着善意取得的制度内涵和适用条件，亦需要在这些变化下进行重新检验和确定。因为无权处分的善意取得包含着善意受让人与原所有权人的利益冲突，受让人取得物权的交易行为必须同时具有正当性依据和合法性依据，其中，正当性依据旨在解决法理上受让人的善意何以弥补处分权的欠缺，而合法性依据则确保受让人最终取得不具有法律瑕疵的合法物权，两者缺一不可，只有以此作为确定善意取得适用边界的实质标准，才能从根本上达到理论的自洽和规范的和谐。

2）动产善意取得制度的法理基础

关于善意取得制度的法理基础，主要有取得时效说、权利外观说、占有效力说、交易安全与便利说等。其中，取得时效说主要基于《法国民法典》将善意取得制度置于"取得时效"一章的体系安排，而我国善意取得的构成与时间经过实无关联，且该说在法国学界已被占有效力说取代，不再赘述。

第一，关于善意取得法理基础的不同观点。权利外观说（又称占有公信力说）是德国学界的主流观点，其以占有公信力为法理基础，在占有作为动产物权外观的前提下，即使占有所表现的权利状态与真实情况不符，法律为保护善意第三人的消极信赖，亦赋予其取得物权的法律结果。权利外观引致说在此基础上发展而来，认为善意取得的适用基础除受让人的善意外，还应包含所有权人的因素，即“足以使第三人信赖的占有之外观”，应是所有权人的自愿行为所致，因此在所有权人非自愿丧失占有的情形下，如盗窃物、遗失物等情形，应排除适用善意取得。权利外观说和权利外观引致说为目前德国、奥地利民法的通说，如《德国民法典》第九百三十二条规定，“即使物不属于让与人，取得人也因第九百二十九条所为的让与而成为所有人，但取得人在依该条的规定将会取得所有权时非为善意的除外。”[①]《奥地利民法典》第三百六十七条规定：“如果动产的合法且善意占有人证明，其通过公开拍卖而有偿取得，或自经营者处有偿取得且（该交易）属于该经营者的通常经营范围，或原所有权人托付的人处有偿取得，则对该占有人提起的返还之诉应被驳回。”[②]

占有效力说则侧重于保护善意受让人取得物权的积极信赖，其基于受让人取得自主占有的效力，对善意取得进行了合理性解释。其内在的价值判断体现为，如果受让人行为诚信且基于自主的意思实现了对物的实际支配，那么他就应该能够取得对抗原权利人的物权——这是在社会公认的正常交易环境下，任何交易主体本该享有的合理预期——法律应该予以保护。法国、日本、瑞士民法均以此为内在逻辑设立善意取得制度，如《法国民法典》第二千二百七十九条第一款规定，“涉及动产物品时，占有即等于所有权证书”；《日本民法典》第一百九十二条规定“平稳而公然地开始占有动产者，如系善意且无过失，则即时取得行使于该动产上的权利”；《瑞士民法典》第七百一十四条第二款规定，“以取得动产所有权为目的的善意受让人，即使转让动产的人没有处分权，

① 陈卫佐（译著）. 德国民法典［M］. 4版. 北京：法律出版社，2015：347.
② 周友军，杨垠红（译著）. 奥地利民法典［M］. 北京：清华大学出版社，2012：60.

仍得取得动产的所有权；根据占有之规则，自受让人的占有受到保护时起，受让人取得所有权”。[①]

交易安全与便利说主要是从利益分配的宏观角度论证了善意取得的必要性，即如果由在交易中受让人来承担无权处分的风险，那么受让人势必会为降低此类风险而辗转调查出让人有无处分权，从而使交易所耗费的人力、物力和时间成本大幅增加，不仅交易的快捷和便利难以实现，而且交易安全也得不到有效保障。[②]因该学说侧重于法律关系的外部，有学者认为仍需要占有公信力作为内在支撑，因此将交易安全与便利说多与权利外观说相结合，这在我国被学者广泛采纳。但亦有学者因质疑占有的公信力，仅承认交易安全与便利说为善意取得的唯一基础。

笔者认为，以上三种观点是从不同角度解释了动产善意取得的内在合理性。其中，权利外观说是从转让人角度出发，赋予了受让人善意填补转让人处分权缺陷的依据；而占有效力说则是以受让人为逻辑起点，强调无过错的受让人在正常交易过程中取得权利的正当性；而交易安全与便利说则脱离了对权利取得过程的观察，直接体现了善意取得制度的核心价值判断，并以此确定权利取得的最终结果。可见，从根本上这三种观点之间并不矛盾，甚至可以相互包容、并存，共同支撑善意取得制度的规范体系。

第二，对通说（权利外观引致说）的解构。权利外观引致说与权利外观说作为在德国学界占据主导地位的观点，我国学界亦深受影响，以占有的公信力作为善意取得的法理基础的观点几乎已为通论。因权利外观说和权利外观引致说的差别主要体现于原权利人放弃占有的意愿上，对于出让人和受让人的内部关系而言并无差别，在此一并论述，以德国法有关规定为例：

首先，出让人的占有是受让人信赖其享有物权的依据，因此必须存在一个作为权利外观载体的特定的占有状态，这种状态必须使取得人有

① 于海涵，赵希璇（译著）. 瑞士民法典［M］. 北京：法律出版社，2016：260.
② 孙宪忠. 物权法的实施（第一卷）：物权的确定［M］. 北京：社会科学文献出版社，2013：185.

充分理由在出让人身上发现所有权人的特征。[①]有学者认为，出让人的占有，仅须处分人对物有现实的管领即已足，不限于直接占有，间接占有、辅助占有均包括在内，纵属瑕疵占有亦同。[②]但直接占有、间接占有作为权利外观的强度确有不同，当占有人以其间接占有而进行无权处分时，因其占有不具有权利外观的功能，所以需要通过直接占有人（之虚假陈述）来证实其对物的控制力，这样直接占有人的占有效力可以传递到间接占有人处，此时受让人信赖的其实是直接占有人的占有表征。[③]因此，在交付、简易交付、占有改定过程中，出让人的处分因其直接占有而具有较强的权利外观，而在指示交付过程中则相对较弱。《德国民法典》第九百三十四条规定依指示交付的善意取得时，即赋予了间接占有以权利外观的效力。

其次，受让人获得占有是其取得动产物权的生效标志。权利外观说侧重于强调无权处分人的权利外观，并以此作为保护善意受让人信赖利益的正当基础。问题在于，受让人是否亦须具有足以对抗原权利人的权利外观，那么善意受让人是否得以凭间接占有取得物权？在《德国民法典》第九百三十二条“因第九百二十九条所为的让与”的表述中，可以得出善意取得中的让与应具有与正常交易相同形式要件的结论，因此逻辑上简易交付、占有改定、指示交付等亦可替代交付，成为善意取得的形式要件，受让人的占有因此可以是间接占有的形式。事实上，《德国民法典》第九百三十四条即规定了以指示交付而成立善意取得的情形。但德国民法特别强调取得人的占有应是排除出让人拥有任何一种形式占有的占有。[④]因此，受让人依占有改定方式取得的间接占有，不可作为善意取得的正当前提。依《德国民法典》第九百三十三条规定，被依第九百三十条（占有改定）让与的物不属于让与人的，仅在该物被让与人交付给取得人时才适用善意取得。

近年来，由于占有的公信力与公示原则的关系存在争议，权利外观

---

① 鲍尔，施蒂尔纳．德国物权法（下册）[M]．申卫星，王洪亮，译．北京：法律出版社，2004：395.

② 谢在全．民法物权论（上）[M]．北京：中国政法大学出版社，2011：224.

③ 叶金强．公信力的法律构造 [M]．北京：北京大学出版社，2004：101.

④ 鲍尔，施蒂尔纳．德国物权法（下册）[M]．申卫星，王洪亮，译．北京：法律出版社，2004：395.

说和权利外观引致说开始受到质疑。有学者认为，公示能否成立，是以能否产生公信力为标准的。[①]公示是对权利人、权利内容和权利客体的有效宣示，使他人能清楚明晰动产物权的有效信息，但显然，在物的占有与其他权能分离的常态下，仅通过占有的单一状态，第三人很难推断出占有人享有何种权利、处于何种法律关系之中。因此，占有既不能作为动产物权的公示，亦不具有公信力。从这个角度出发，权利外观说几乎失去了立论的基础。更有学者从“经验—占有是动产物权公示方法—占有推定力—对善意信赖占有者的保护即占有公信力”的逻辑链条出发，逐一排除了占有公信力的立论基础，认为其是一个逻辑上无法立足的命题，从而全面、彻底地否定了权利外观说的基础。[②]但亦有学者提出，占有的公信力不以公示原则为前提。因为法律承认简易交付、占有改定、指示交付等作为交付的替代方式，事实上已经排除了公示原则在动产物权变动上的适用。而公信原则的实质是当物权表征方式与实际状况不一致时，侧重保护信赖物权表征方式的人，因此占有的公信力并非公示的延伸，而是占有表征功能的维系。[③]笔者比较赞同公示与公信是并列互补关系，因此权利外观说虽然以占有公信力为内在支撑，但其并不以公示原则为前提，一方面，出让人的权利外观亦不局限于直接占有，还可以体现为间接占有；另一方面，善意受让人的取得占有亦不以获得对抗善意第三人的公示效力为必要。

4.3.4　动产善意取得之规范适用逻辑

善意取得制度作为物权追及效力的法定例外情形，其核心是解决无权处分情况下的权利取得问题，[④]由于以牺牲原权利人的利益为代价，故其成立须以正当性基础和合法性依据为必要前提，[⑤]其制度的设计亦立足于克服无处分权的缺陷，使物权变动正当地发生。善意取得制度亦体现了无权处分行为静态的一方面，即法律对作为无权处分行为结果的

① 梅夏英. 民法上公示制度的法律意义及其后果［J］. 法学家，2004（2）：119.
② 孙宪忠. 物权法的实施（第一卷）：物权的确定［M］. 北京：社会科学文献出版社，2013：187-196.
③ 叶金强. 公信力的法律构造［M］. 北京：北京大学出版社，2004：23.
④ 吴国喆. 善意取得制度的缺陷及其补正——无权处分人与善意受让人间法律关系之协调［J］. 法学研究，2005（4）：5.
⑤ 尹田. 物权法［M］. 北京：北京大学出版社，2013：199.

财产，如何确定标的物的权利归属。[①]

1）动产善意取得制度的比较法观察

在不同物权变动模式下，由于处分行为的法律内涵不同，善意取得的制度设计亦随之不同，故选取不同的物权变动模式进行比较法分析，更利于观察善意取得制度构造中的“定量”和“变量”，从而确定共通的正当性基础及法政策评价。但考虑到在采用债权意思主义的法国法中，善意取得制度即为基于自主占有理论的动产即时取得制度，[②]与我国《民法典》规定差异较大，而德国法、奥地利法与我国立法均有相似之处，故为使研究更具参考性，本书主要围绕采取物权形式主义和债权形式主义两种物权变动模式展开。

第一，物权形式主义与善意取得。物权形式主义物权变动模式以德国法为代表，其核心特点是严格区分物权行为（处分行为）与债权行为（负担行为），并进一步发展出物权行为的抽象原则理论，将物权变动与债权行为的效力判断隔离。因此，在物权形式主义下，善意取得中的处分行为效力的判断，即为物权行为的效力确定。根据《德国民法典》第九百三十二条，善意取得的适用条件有二，一是受让人在取得所有权时为善意，即受让人不知该物不属于让与人，且无重大过失；二是具有“依第九百二十九条规定所为的让与”的形式，[③]即“就动产所有权的转让而言，所有权人必须将该物交付给取得人，且所有权人和取得人必须达成关于所有权应转移的合意。”[④]

既然在德国法上无权处分行为效力待定，则在善意取得中“关于所有权应转移的合意”即为非有效的物权合意，而基于此物权合意成立的善意取得，其性质为原始取得，还是继受取得，存在一定争议。有学者主张为原始取得，认为若善意取得制度与物权形式主义模式的内在要求保持一致，则无权处分行为必然是“有效的物权合意”，所以建立在无

① 王利明．论无权处分［J］．中国法学，2001（5）：87.

② 《法国民法典》关于善意取得的规定是第二千二百七十九条，规定在该法典的第20章“时效”中，系属第5节第4目“若干特别时效的一种”，在法国的民法理论上，也一致认可动产善意取得制度的法律依据系即时时效或瞬间时效。

王轶．动产善意取得制度一般规定立法化研究——兼评《中华人民共和国物权法》（草案）第111条［J］．政治与法律，2005（5）：38.

③ 陈卫佐（译著）．德国民法典［M］．4版．北京：法律出版社，2015：347.

④ 陈卫佐（译著）．德国民法典［M］．4版．北京：法律出版社，2015：347.

效合同（物权合意）基础上的善意取得与物权形式主义的内在逻辑要求不符，它也只能在该变动模式之外寻求其他制度支撑。[①]另有学者认为是继受取得，即在立法技术上，《德国民法典》第九百三十二条第一项第一款一方面在一般情况下确认无权处分行为（物权行为）为效力待定的物权行为，另一方面，又确认当受让人为善意时，其善意可以弥补无权处分行为效力上的欠缺，使受让人例外地在无权处分的前提下，仍可基于物权行为的一般规定，取得标的物的所有权，作为关于无权处分行为一般规定的例外情况。[②]笔者认为，《德国民法典》第九百三十二条规定的善意取得为原始取得，但带有继受取得的色彩，首先，处分行为欠缺处分权的瑕疵，只能通过获得处分权或得到原权利人的同意、追认来弥补，物权行为本身不会因法律的直接规定而由效力待定转为有效，故善意取得中的物权变动的效力并非基于有效的物权行为，而是基于法律的直接规定，从这个角度来看，善意取得本质上为原始取得。但是，善意取得以其处分行为的法律判断作为正当性来源，第九百三十二条第二款强调善意取得的基础法律关系须具有"依第九百二十九条规定所为的让与"的形式，明确了善意取得正当性基础所必须具备的法律内涵：除欠缺处分权外，适用善意取得的无权处分行为，应与引起物权变动的有权处分行为在正当性上无任何差别，物权变动才得以正当地发生。因此，即使善意取得是法定取得，对前端的物权行为来说，仍需按照法律行为要求予以检查，例外地只是无须考虑处分权有无。综上，善意取得中的无权处分行为应符合物权形式主义的内在逻辑，与第九百二十九条规定的能够引起物权变动的合意一样，适用关于法律行为一切规定，[③]不存在其他导致无效的效力瑕疵，否则便不属于"依第九百二十九条规定的让与"的处分行为，不足以发生标的物所有权转移的法效，从这个角度来看，德国法上的善意取得亦兼具继受取得的特征。

第二，债权形式主义与善意取得。债权形式主义物权变动模式以奥地利法为代表，奥地利法原则上要求以交付或登记行为作为标的物所有

① 彭诚信，李建华．善意取得合同效力的立法解析与逻辑证成［J］．中国法学，2009（4）：94.

② 王轶．动产善意取得制度一般规定立法化研究——兼评《中华人民共和国物权法》（草案）第111条［J］．政治与法律，2005（5）：38

③ 陈卫佐（译著）．德国民法典［M］．4版.北京：法律出版社，2015：346.

权转移的表征，却不承认所谓物权合意的独立存在，认为债权合同就是所有权转移的内在动力和根本原因。[①]因此，善意取得中的“处分行为”即为以物权变动为目的的债权合同。《奥地利民法典》第三百六十七条规定，“如果动产的合法且善意占有人证明，其通过公开拍卖而有偿取得，或自经营者处有偿取得且（该交易）属于该经营者的通常经营范围，或原所有权人托付的人处有偿取得，则对该占有人提起的返还之诉应被驳回”。[②]可见，奥地利法善意取得的适用条件主要包括善意、交易行为、占有转移三个方面，其中，“通过公开拍卖而有偿取得”“自经营者处有偿取得且（该交易）属于该经营者的通常经营范围”“原所有权人托付的人处有偿取得”等对交易场合、交易对价的限制，虽包含了对交易双方转移所有权合意的要求，只是该物权合意与债权合意一体化把握，并不独立存在。关于债权合同效力与善意取得的关系，通说认为，《奥地利民法典》第九百二十三条第一款通过规定出让人的权利瑕疵担保义务，承认了欠缺处分权并非债权合同的效力瑕疵。因此，结合债权形式主义的物权变动模式，可以推出奥地利法上的善意取得不可能如德国法一般，兼具原始取得与继受取得的性质，其或为继受取得，则善意取得的适用以有效的债权合同为必要前提；或为原始取得，则善意取得亦可能基于无效或被撤销的债权合同成立。

虽同为形式主义法制，在善意取得的制度设计上，奥地利法规定无权处分行为法律逻辑与德国法明显不同：德国法以处分行为是否符合物权变动模式的形式要求来抽象地评估善意的正当性，而奥地利法则更注重从交易行为的对象、场合、对价等方面具体地评估善意的正当性。笔者认为，这种差异本质上是由不同物权变动模式的立法选择所决定的。善意取得制度旨在克服无处分权的欠缺，在德国法中，处分权依托于处分行为控制物权变动的效力，因此善意取得适用条件须立足于无权处分行为的外在特征，以确保其具备如同有权处分行为的形式正当性，故第九百三十二条明确要求无权处分行为须为“依第九百二十九条规定的让与”；在奥地利法中，处分权与债权合同分别控制物权变动的效力，无

---

① 王轶．物权变动论［M］．北京：中国人民大学出版社，2001：30-31．
② 周友军，杨垠红（译著）．奥地利民法典［M］．北京：清华大学出版社，2012：60．

权处分的正当性主要来自于受让人对出让人“有处分权”的合理信赖，因此奥地利法在适用条件上无须对债权合同的效力进行明确规定。换言之，在法技术途径上，德国法采取控制处分行为的方式，而奥地利法则采取了直接控制的方式。那么，是否得以据此认为奥地利法中的善意取得的成立与债权合同的效力无关，进而得出善意取得为原始取得的结论呢？笔者认为不尽然。在债权形式主义下，基于无效或被撤销的债权合同，即使是有权处分的受让人也无法取得所有权，若无权处分的受让人可通过适用善意取得而获得标的物的所有权，相当于获得了优于有权交易受让人的法律地位，无疑违背了公平原则。同时，如此等于受让人的善意既填补了处分权的欠缺，亦填补了债权合同的效力瑕疵，而无权处分的正当性来自于对公示的合理信赖，仅能解决处分权的问题，对债权合同的效力问题着实鞭长莫及，缺乏充分有力的法理支撑。因此，仅以《奥地利民法典》第三百六十七条作为物权变动的生效依据仍显不足，须加上债权合同有效的前提，受让人才能依法取得物的所有权，故债权形式主义下的善意取得是符合物权变动模式内在要求的权利取得，其性质应为继受取得。

德国法与奥地利法虽因物权变动模式的差异导致处分行为的效力状态有所不同，但不难看出，这两种模式下善意取得正当性基础的内在构造却是共通的，正当性基础主要由两部分构成：一是无权处分的正当性。善意取得的制度价值在于保护代表交易安全价值的信赖利益，这决定了受让人的善意仅能填补无权处分在权利取得上的缺陷，但不能填补处分行为的其他效力瑕疵。二是物权变动的正当性。即使受让人是善意的，出让人的无权处分行为[①]仍不能存在其他效力瑕疵，否则物权变动缺乏合法性依据，不能生效。换言之，在形式主义法制下，善意取得发生物权变动的效力来源除受让人的善意、具有对抗第三人效力的公示（引起物权变动的形式要素）外，还包括当事人之间的法律行为（引起物权变动的意思要素），因此，善意取得中的物权变动得以正当地发生，依债权形式主义，处分行为应为有效的债权合同；依物权形式主

① 如前所述，在不同的物权变动模式下，处分行为的含义有所不同，在债权形式主义中，处分行为为债权合同；在物权形式主义中，处分行为为物权行为。

义，处分行为是效力待定的物权合同，须符合民事法律行为生效的合法性判断（除欠缺处分权外）。

2）动产善意取得的构成要件

第一，善意的标准。民法作为部门法的一种，就是通过面对特定类型冲突的利益关系，或者做出利益取舍，或者安排利益实现的先后顺序来实现其组织社会秩序的功能。立法者做出利益取舍，或者安排利益实现先后顺序的过程，就是一个做出价值判断的过程。[①]法律设立善意取得制度，其价值判断是通过牺牲原权利人的利益，保护善意受让人的物权取得，以巩固已完成之交易关系的法律效果，稳定一般交易主体的合理预期，从而达到保护交易安全的目的。因此，法律规定受让人“不知出让人无处分权”的善意，使无权处分获得相当于有权处分的正当性。但善意本身并不能使出让人的无权处分变为有权处分，因此善意仅具有“价值判断上的正当性”，而非“实质的正当性”，其本质其实是依法赋予第三人一个针对原物权出让人的抗辩权，使其在自己负有举证责任的情况下保护自己的物权取得。[②]

对于善意的适用边界，主要涉及三方面问题。一是主观善意的界定，《物权编司法解释（一）》延续了《物权法司法解释（一）》第十五条规定，受让人的善意，以无重大过失为限，同时由真实权利人承担“受让人非善意”的举证责任。第十七条进一步规定，重大过失应根据交易的对象、场所或者时机等交易习惯认定，为法官裁判提供了认定依据，在一定程度上减轻了真实权利人的举证难度。二是善意的客观标准，即合理价格的认定，《物权编司法解释（一）》第十九条规定，合理的价格应当根据转让标的物的性质、数量以及付款方式等具体情况，参考转让时交易地市场价格以及交易习惯等因素综合认定，该条与奥地利民法的规定比较相似，从侧面限定了对交易中的受让人的善意的客观表现。三是善意时间的确定。根据《物权编司法解释（一）》第十八条，善意的判断时间为《民法典》第三百一十一条所称的“受让人受让

① 王轶，关淑芳.物权债权区分论的五个理论维度［J］.吉林大学社会科学学报，2014，54（5）：8.

② 孙宪忠.物权法的实施（第一卷）：物权的确定［M］.北京：社会科学文献出版社，2013：301.

该动产时”，即指交付完成之时。该条同时规定，以简易交付的方式交付的，以转让行为生效时为交付之时；当事人以指示交付的方式交付的，以有关转让返还原物请求权的协议生效时为交付之时，但是该司法解释没有提及占有改定中的善意的判断时间，表明占有改定的无权处分排除适用善意取得。

第二，对转让合同效力的再确认。善意取得的本质是依法律行为的权利取得，受让人取得物权仍然属于基于转让合同而产生的物权变动，与正常的物权变动相比，它只是缺乏出让人的处分权，其他并无不同。[①]如果交易行为不满足合法有效的要求，法律将首先否定其效力，根本没有机会适用善意取得，因此《民法典》第三百一十一条所指的转让行为，必须具备足以引起物权变动的正当性支持。笔者认为，这是确定善意取得适用边界的关键节点，却常常在理论与实践中被忽视，因为第三百一十一条对转让行为的效力状态只字未提，容易在适用中产生“只要满足第三百一十一条的要件就可成立善意取得”的错觉。事实上，早在《物权法（草案）》中，“转让合同有效”就已被规定为善意取得的要件，但颁布时却将其删除，学界普遍认为这是为了回避文义上与原《合同法》第五十一条的冲突。[②]若善意取得以合同有效作为必要前提，依第五十一条无权处分合同未获追认而无效时自然不成立善意取得，则善意取得将因丧失适用空间而“空转”。[③]如今在《民法典》已摒弃第五十一条内容的前提下，第三百一十一条仍未对善意取得的适用条件进行完善与修订，确实在理论上留有遗憾。现已废除的《物权法司法解释（一）》第二十一条提出排除适用善意取得的情形，将转让合同的效力瑕疵与善意取得的适用相联系，提供了更为全面的政策视角。但第二十一条第二项仅采用了受让人视角，规定合同因受让人存在欺诈、胁迫或者乘人之危等法定事由被撤销，不发生权利取得之法效。有观点提出，根据该规定，善意受让人是否具有一定可苛责性，是决定善意取

① 王利明．善意取得制度的构成——以我国物权法草案第111条为分析对象［J］．中国法学，2006（4）：92．

② 杜万华．最高人民法院物权法司法解释（一）理解与适用［M］．北京：人民法院出版社，2017：469．

③ 蔡立东．转让合同效力与善意取得构成的立法选择——基于立法技术的考量［J］．吉林大学社会科学学报，2006（2）：61．

得是否受到阻却的核心理由。[①]另一方面，如果对第二十一条进行反对解释，若出让人实施欺诈、胁迫或者乘人之危的情形，不应阻却适用善意取得，否则“受让人”的限定沦为具文。[②]笔者并不赞同，因为在转让合同无效或被撤销的可苛责性考察上，主要是基于物权变动的正当性要求，受让人与出让人的地位并没有任何差别，如果仅以受让人为限定，等于将转让合同的内部关系进行了割裂处理，事实上忽略了转让合同作为善意取得正当性基础的整体价值。《物权编司法解释（一）》第二十条修正了《物权法司法解释（一）》的受让人苛责性视角，其规定转让合同被认定无效、转让合同被撤销，受让人主张依据民法典第三百一十一条规定取得所有权的，不予支持。

第三，对于交付要件的考察。其一，交付在理论上有狭义和广义之分，狭义的交付即指交付，而广义的交付还包括简易交付、指示交付、占有改定等观念交付。因观念交付不具有完全的公示作用，因此通说认为在《民法典》第二百零八条关于交付生效主义的规定中，所指的交付应以狭义的交付为限。而《民法典》第三百一十一条中所指“交付”在解释论上是否与其保持逻辑一致，仍需要根据善意取得的内在法理进一步确定。其二，适用动产善意取得的物权以“支配性”为本质特征，因此即使观念交付无法发挥公示功能，却仍能引起物权变动生效的效力来源。需要特别说明的是，对动产质权而言，为确保其担保功能不被架空，必须强调质权的成立以出质人丧失直接占有为前提，[③]因此质权的设立在根本上排斥占有改定的方式，在善意取得的适用上亦然。

所以，因占有效力说强调受让人的支配状态的实现，其内在逻辑比权利外观说更贴近我国动产物权变动模式的本质特征。同采取债权形式主义的《瑞士民法典》便是基于占有效力说的逻辑规定了善意取得制度，其七百一十四条第二款规定，根据占有的规则，自受让人的占有受到保护时起，受让人取得所有权。如果根据《瑞士民法典》第九百一十

---

① 姚明斌. 善意取得之合同效力要件再检视——基于《物权法解释（一）》第21条展开［J］. 法学，2017（5）：62.

② 杜万华. 最高人民法院物权法司法解释（一）理解与适用［M］. 北京：人民法院出版社，2017：469.

③ 《最高人民法院关于适用〈中华人民共和国担保法〉若干问题的解释》（法释〔2000〕44号），第八十七条、第八十八条。

九条、第九百二十二条、第九百二十四条进行体系解释，第七百一十四条第二款所指的占有即包含了间接占有。对于是否将善意取得中的交付仅作狭义解释的问题，其实权利外观说、占有效力说均不排斥观念交付。对观念交付，我国《物权编司法解释（一）》第十七条仅认可了简易交付和指示交付，对占有改定则采取了缄默的否定态度。事实上，若依占有效力说，出让人的直接占有对善意取得的适用并无实质影响。若依权利外观说，在二重买卖中出让人若以占有改定进行首次转让，其再次转让时所具有的权利外观甚至强于无权处分的其他情形。但从原权利人的牺牲考虑，对受让人的占有规定更为严格的标准并不为过。即使善意可以填补无权处分的缺陷，但其阻断所有权的追及效力至少还应以对物的实际控制（直接占有）为现实基础，特别是在所有权人是直接占有人的情况下，受让人仅依观念上的自主意思（间接占有）就可以取得物权的法律安排显得尤为荒唐。同时，为避免受让人的间接占有建立在所有权人的直接占有之上的情形，善意取得的适用应以受让人取得直接占有为限。因此，除交付以外，简易交付直接可作为善意取得的形式要件，交付完成的时间以法律行为生效时为准；而以指示交付、占有改定等方式让与的，原则上只有受让人取得了对物的直接占有时才得以适用善意取得。

4.4 交付生效主义下特殊动产物权变动之内在逻辑

占有及交付的民法权利推定力的退化，亦直接导致了特殊动产采用混合主义物权变动模式。船舶、航空器、机动车等本属动产，但因价值一般比较贵重，法律又特别规定以登记确保交易安全，将其纳入登记制度的范畴。故我国《民法典》延续了原《物权法》的规定，对船舶、航空器、机动车等特殊动产采用登记对抗主义的物权变动模式，这种立法模式并非特例，日本亦有类似的规定，但日本民法以意思主义为物权变动的一般规则，与《民法典》规定的特殊动产的物权变动规则存在实质区别，故特殊动产的登记对抗主义仍需在《民法典》框架内予以解释。

我国《民法典》中的登记对抗主义，一般体现为与意思主义相结合的登记对抗主义，唯独特殊动产物权的权利构建则以交付生效主义为基础，在这种模式下物权与债权的区分形态以及转化机制必然发生本质变化。由于对核心的理论问题不存在一个清晰的认识，使得与特殊动产物权变动有关的法律规范一直欠缺统一的理论前提，导致虽然《物权编司法解释（一）》、修正后的《买卖合同司法解释》及《最高人民法院关于人民法院办理执行异议和复议案件若干问题的规定》（下简称《执行异议和复议规定》）均从不同角度对特殊动产的有关物权规则，特别是登记与交付的功能予以解释，但因规定的零散缺乏体系性，根本不足以反映在特殊动产物权变动中以交付和登记为核心的整体逻辑，仍需在理论上进一步予以梳理和明确。

4.4.1 特殊动产物权变动模式下物债关系之运行机制

1）特殊动产所有权混合主义模式的特殊性——基于对《民法典》第二百二十五条的体系解释

《民法典》第二百二十五条规定："船舶、航空器和机动车等的物权的设立、变更、转让和消灭，未经登记，不得对抗善意第三人。"该条仅确定了登记为特殊动产物权变动的对抗要件，未规定生效要件，属于不完全法条。一般认为，因其处于第二章"物权的设立、变更、转让和消灭"中第二节"动产交付"下，紧随第二百二十四条规定的动产物权变动的交付生效原则之后，故需在第二百二十四条基础上对第二百二十五条进行体系解释，也就是第二百二十五条规定的登记对抗主义应以交付为物权变动的生效要件，[①]此外，第二百二十六条至第二百二十八条规定的简易交付、指示交付、占有改定等交付的替代方式亦应与交付一样，可以引起特殊动产物权变动的生效。

该条为特殊动产物权变动的一般规则，原则上适用于特殊动产物权的一切类型。事实上，根据"特别法优于一般法"的原则，特殊动产抵押权优先适用《民法典》第四百零三条的规定，抵押权自抵押合同生效时设立，未经登记，不得对抗善意第三人。而特殊动产的质权则优先适

① 庄加园．登记对抗主义的反思与改造：《物权法》第24条解析［J］．中国法学，2018（1）：213．
崔建远．再论动产物权变动的生效要件［J］．法学家，2010（5）：52．

用第四百二十九条的特别规定，采用交付生效主义的变动模式，故第二百二十五条所能涵盖的物权类型事实上主要为特殊动产所有权。综上，第二百二十五条的完整含义应解读为，则船舶、航空器和机动车等依法律行为的所有权变动，自交付或观念交付时发生效力；未经登记，不得对抗善意第三人。

2）特殊动产所有权的公示方法

因占有的公示方法所能表彰的物权状态并非完全，加上观念交付的存在，更使无法完全公示的缺点加深，故对于机动车、船舶、航空器等特殊动产，法律兼采登记的方法，除动产交付外，并以登记为对抗要件。①混合主义物权变动模式的特点在于，在交付生效主义之上增加了登记对抗主义，导致一系列基础性问题亟须澄清：登记与交付哪一个才是特殊动产物权变动的公示方法？登记与交付在特殊动产物权变动中各自的功能与定位是什么？在已经交付、尚未登记的中间状态，受让人所取得权利处于何种状态、何种性质？其中最核心的问题是登记与交付，哪一个才是特殊动产物权的公示方法。一方面，理论上既有学者支持交付为公示方法，②亦有学者认为登记是公示方法，③还存在“登记和交付同为公示方法”的观点。④而司法审判则倾向认定交付为公示方法，如《买卖合同司法解释》第十条第四项规定确立了“交付优先于登记”原则，最高人民法院民事审判第一庭亦强调，对于机动车等特殊动产，交付是物权变动的生效要件，因此其亦应作为公示要件，单独的登记不能真实表彰权利的实际状态。⑤

在特殊动产所有权的登记对抗制度下，首先应确定登记为公示方法，只有这样才能为所有权人对抗善意第三人提供正当性支持，登记对抗的制度目的才不会落空，这是基本前提。其次，探讨交付是否为公示

① 谢在全．民法物权论（上册）［M］．北京：中国政法大学出版社，2011：90.

② 崔建远．再论动产物权变动的生效要件［J］．法学家，2010（5）.
谢在全．民法物权论（上册）［M］．北京：中国政法大学出版社，2011.

③ 程啸．论动产多重买卖中标的物所有权归属的确定标准——评最高法院买卖合同司法解释第9、10条［J］．清华法学，2012（6）.
王洪亮．动产抵押登记效力规则的独立性解析［J］．法学，2009（11）.
戴永盛．论特殊动产的物权变动与对抗（上）——兼析《最高人民法院关于审理买卖合同纠纷案件适用法律问题的解释》第十条［J］．东方法学，2014（5）.

④ 王利明．特殊动产物权变动的公示方法［J］．法学研究，2013，35（4）.

⑤ 杜万华，最高人民法院民事审判第一庭．最高人民法院物权法司法解释（一）理解与适用［M］．北京：人民法院出版社，2016：185.

方法时，存在两种可行性思路。一是在坚持债权形式主义物权变动模式的前提下，认可物权变动的生效要件——交付为公示方法，登记作为对抗要件为公示效力的加强，亦为公示方法。二是登记作为唯一公示方法，交付仅为物权变动的生效要件，并不具有公示意义。理论上，同一物权变动的公示方法一般具有唯一确定性，登记与交付同为公示方法，无疑增加了有关物权变动、公示规则及善意取得的适用难度。况且与交付相比，登记簿对记载权利的稳定性、准确性更高，信息化建设亦使登记的办理和查询亦十分便捷，无疑更具制度优越性。但仅将登记确定为公示方法，却令“交付生效主义+登记对抗主义”模式下的物权变动规则成为理论上的“特殊存在”——在债权形式主义下，已交付、未登记的特殊动产所有权究竟效力为何，与“意思主义+登记对抗主义”模式下的未经登记的物权有何区别，基于现有的物权变动理论均难以自圆其说。因此，本书更支持交付和登记均为特殊动产所有权变动的公示方法，但两者控制物权变动效力的阶段不同——交付主要是物权变动的公示方法，特殊动产所有权的物权变动即已生效，但不得对抗善意第三人，此时交付为所有权变动的公示方法；权利人取得特殊动产所有权后，经登记可对抗任意第三人，此时登记为公示方法。

然而交付与登记同为公示方法，并不意味着两种公示方法均具有公信力。一般而言，公示生效主义下的公示信息能与真实权利状况保持高度一致，从而具有权利正确性推定效力，进而被法律赋予公信力；公示对抗主义下的公示信息与真实权利状况不一致的概率较高，因而被否认具有公信力。但前述思路是以登记为公示方法的不动产为出发点的。[①]就动产而言，因在经济生活中动产脱离其所有权人占有的情况时有发生，占有及交付的权利正确性推定效力远低于登记，动产善意取得的正当性基础与其说源于占有及交付的公信力，毋宁说是立法为保护交易安全所做的利益取舍。就特殊动产而言，登记虽不具有公信力，却在物权变动中产生两方面的体系效应，一是对特殊动产所有权具有双重肯定的效力，即特殊动产所有权人经登记后，即可以全面排除第三人“善意”

① 吴光荣. 论外观主义在民商事审判中的运用［J］. 法学家，2023（3）：122.

的认定；二是当特殊动产所有权未经登记时，在一定条件下无权处分人是否具有登记的权利外观成为判定第三人“善意”的重要标准之一，对此下文将进一步阐释。

4.4.2 特殊动产善意取得法律构成之分解与归位

如前述，当第三人是善意时，则根据《民法典》第二百二十五条，交付后、未经登记取得的特殊动产所有权，不得对抗之。“不得对抗”的法律效果是，该所有权人不得向第三人主张其所有权，但第三人仍需符合善意取得的要件，才能最终成为所有权人，从而令仅受领交付的受让人彻底丧失其所有权。根据《民法典》第三百一十一条，动产或不动产的善意取得，除受让人“善意”“已支付合理对价”外，无权处分的交易还需“依照法律规定应当登记的已经登记，不需要登记的已经交付给受让人”。这在采用“交付生效主义+登记对抗主义”模式的特殊动产上产生了解释论上的困难。《民法典》规定特殊动产的物权变动“未经登记，不得对抗善意第三人”，到底属于“依照法律规定应当登记”还是“不需要登记”？本书认为，因在登记对抗主义下当事人对于是否申请登记享有自主选择权，受让人可以选择不登记，不应属于“依法律规定应当登记”的情形，而应适用“不需要登记的已经交付给受让人”。但笔者认为，并不能因此确定特殊动产的善意取得的要件为受让人“善意”“已支付合理对价”“已经受领交付”，因混合主义物权变动模式的特殊性，有关适用条件还需要通过检视其背后的法律逻辑并进一步确定。

如前述，当第三人是善意时，未经登记的特殊动产所有权人，不得对抗。“不得对抗”的法律效果并非终局性的，仅体现为该所有权人不得向第三人主张其权利。对于第三人而言，其与出让人的交易行为仍需符合善意取得的要件，才能取得特殊的动产所有权。易言之，登记对抗主义仅为善意取得的适用前提，特殊动产所有权的归属仍需符合善意取得的构成予以最终落实。

首先，特殊动产需已经交付，或完成了简易交付、指示交付。根据《民法典》第三百一十一条，善意取得的成立要件，除受让人“善意”

"已支付合理对价"外，无权处分的交易还需"依照法律规定应当登记的已经登记，不需要登记的已经交付给受让人"。对特殊动产而言，不应属于"依照法律规定应当登记"的情形。因在交付生效主义下，经交付后受让人即已取得了特殊动产所有权，故不属于"依法律规定应当登记"的情形，而应适用"不需要登记的已经交付给受让人"，《物权编司法解释（一）》第十九条亦已印证了以上观点。[①]此外，根据《物权编司法解释（一）》第十七条第二款，在善意取得视角下，简易交付、指示交付等同于交付的法律效果。

其次，在善意取得的适用条件上，占有与登记同为特殊动产所有权的权利外观，需要结合交易场合和交易习惯予以确定。在"交付生效主义+登记对抗主义"模式下，无权处分人首先应为特殊动产的占有人，而对于是否应要求其为登记名义人，还需要结合有关交易习惯和登记基础，即对于在交易习惯中已具备登记基础的特殊动产类型，如机动车登记与车辆管理制度紧密结合，未经登记的机动车几乎难以实际使用，此时出让人应为登记名义人，受让人才具有信赖合理性；对于尚未形成登记基础的特殊动产类型，如有学者认为船舶登记仅为物权的表征手段之一，并不属于适用善意取得的要件，[②]受让人方得以占有为信赖基础。

对于在交易习惯中已具备登记基础的特殊动产，成立善意取得要求出让人为登记名义人，还存在如下理由：一是基于现有规定。《执行异议和复议规定》第二十五条明确规定了已登记的特定动产，其权利归属依据登记情况判断；未登记的特定动产才按照实际占有情况判断权利人。即使是主张交付为特殊动产物权变动之公示方法的学者，亦认为登记将对受让人"善意"的判定产生直接影响。因为对于已经登记的特殊动产，受让人负有查询登记的注意义务，特别是当出让人非登记名义人时，若受让人仍与其交易，则可能因重大过失而无法判定为"善意"。[③]二是基于登记对抗的制度本旨。虽然在登记对抗主义下登记并

---

① 《物权编司法解释（一）》第十九条规定：转让人将民法典第二百二十五条规定的船舶、航空器和机动车等交付给受让人的，应当认定符合民法典第三百一十一条第一款第三项规定的善意取得的条件。

② 胡绪雨. 船舶物权变动与登记对抗的逻辑构成和规则释论［J］. 政法论丛，2023（5）.

③ 庄加园. 登记对抗主义的反思与改造：《物权法》第24条解析［J］. 中国法学，2018（1）：218.

非强制性义务，但立法规定特殊动产所有权变动采用登记对抗主义的本意是鼓励登记。[①]船舶、航空器等特殊动产以登记为对抗要件，自不能任凭占有而赋予公信力。[②]正由于在特殊动产所有权变动中的登记与交付同为公示方法、公信力存在不足的复杂性，在司法实践中倾向于区分交易场合和交易习惯，区分不同情况，以确定登记是否为善意取得的构成要件。例如司法机关认为，农用拖拉机等机动车，其转让和交易多在熟人中进行，有关交易基本上不进行登记，如果仍将登记作为善意的判断标准，在现实中并不具有可操作性。[③]

综上，特殊动产所有权善意取得成立的特殊性，源自交付行为在“交付生效+登记对抗”产生的形式分化。在普通动产的物权变动中，交付体现为占有自出让人转移至受让人的动态过程。而在动产善意取得的构成中，交付的过程实际上包含“出让人丧失占有”和“受让人取得占有”并分别予以考察，可发现两者具有不同的法律内涵：其一，出让人的占有是受让人信赖的权利外观，是公示意义上的占有；其二，受让人取得的占有则是获得标的物所有权的现实基础，是权利取得意义上的占有。这种区分在普通动产上并无必要，但对于特殊动产所有权的善意取得却具有实质意义。成立特殊动产所有权的善意取得时，出让人的权利外观应以符合交易习惯的公示方法（登记或占有）对外表达，受让人一方则仅具备物权生效的形式要件（交付）即可。

4.4.3 混合主义模式下多重处分规则之再审视

在特殊动产所有权的多重处分中，登记对抗与善意取得共同构建了其权利归属规则。对此，《买卖合同司法解释》第七条详尽列举了特殊动产多重买卖中的三种情形，提供了较为完整的裁判思路，但其法理及逻辑上的自洽性仍需进一步检验。

1）“仅登记、未交付”情形下的特殊动产所有权登记的形式价值

在特殊动产所有权的多重处分中，存在出让人仅将标的物登记于第

① 王利明. 特殊动产物权变动的公示方法［J］. 法学研究，2013，35（4）：127.
② 谢在全. 民法物权论（上）［M］. 5版.北京：中国政法大学出版社，2011：275.
③ 杜万华.最高人民法院物权法司法解释（一）理解与适用［M］. 北京：人民法院出版社，2017：466.

一买受人，嗣后又将标的物转让并交付于第二买受人的情形。对于仅登记、未受领交付的第一受让人享有何种法律地位，学界存在两种对立的观点，一种观点是第一受让人没有取得标的物所有权，无法对抗已受领交付，但未登记的第二受让人。[①]另一种观点则认为登记受让人已经取得了标的物所有权，也足以对抗包括已受领交付的受让人在内的任意第三人。[②]对此，《买卖合同司法解释》第七条规定的第二种情形，亦确认了经登记后受让人请求交付的优先地位。本书认为，应对登记的形式价值及法效予以进一步解析：

首先，交付与观念交付在动产物权变动中具有抽象共性。在我国《民法典》的框架下，交付作为动产物权变动公示方法，在理论和实践中仍存在对其性质的争论。主要有"事实说"和"法律行为说"，"事实说"认为《民法典》物权编所说的交付，即一方按照法律行为的要求，将物直接占有转移给另一方的事实，[③]并不包含当事人间的意思要素。"法律行为说"则认为，交付是受当事人之间关于物权变动意思表示的推动，并且表示这一意思的行为。如果没有物权变动的意思表示的推动，交付就会成为其他意义上的行为，而不能成为物权的公示方式。[④]可见，前述观点的分歧在于，是否承认在交付过程中的意思要素具有法律意义，而法律对观念交付的承认正为此提供了佐证。

指示交付与占有改定等本身不具有为外界所识别的占有转移，却仍能与债权合意共同引起物权变动的生效，表明观念交付存在某种形式价值，构成物权变动的效力来源。理论上，观念交付源于占有体素和心素的分离，即使人与物本身之间并不存在物理的结合关系，但法律仍认为其占有的心素依然存在，且其可以通过辅助人对物实施占有

---

① 崔建远. 再论动产物权变动的生效要件［J］. 法学家，2010（5）.

② 汪志刚. 准不动产物权变动与对抗［J］. 中外法学，2011，23（5）.

杨代雄. 准不动产的物权变动要件——《物权法》第24条及相关条款的解释与完善［J］. 法律科学（西北政法大学学报），2010，28（1）.

戴永盛. 论特殊动产的物权变动与对抗（上）——兼析《最高人民法院关于审理买卖合同纠纷案件适用法律问题的解释》第十条［J］. 东方法学，2014（5）.

孙宪忠，朱广新. 民法典评注：物权编（1）［M］. 北京：中国法制出版社，2020：163-164.

李志文.《民法典》体系化下船舶物权变动规则解释论［J］. 学海，2023（2）.

③ 黄薇. 中华人民共和国民法典释义（上）［M］. 北京：法律出版社，2020：432.

④ 孙宪忠. 中国物权法总论［M］. 3版.北京：法律出版社，2014：311.

或事实控制。[①]虽行为方式各不相同，但指示交付、占有改定引起物权变动生效的过程均可抽象为：一方面，出让人放弃了自主占有的意思；另一方面，受让人以自主占有的意思开始对标的物的实际控制。[②]故即使标的物的占有并未现实转移，但通过指示交付或占有改定，受让人已经以所有权人的意思实现对标的物的自主支配。例如，在指示交付中，占有媒介人由“为出让人占有”转换为“为受让人占有”；在占有改定中，则体现为出让人“自主占有”转换为“他主占有”，在交付过程中亦实现了类似的意思转换过程。故在依法律行为的动产物权变动过程中，交付或观念交付的效力对外是根源于它对于所有权转让进行了公示，而对内则是根源于其所表达的使所有权在当事人之间发生变动的合意。[③]综上，在《民法典》规定的交付生效主义下，受让人在出让人的协助下，对标的物实现自主支配的状态，才是动产物权变动在当事人间生效的决定性标志。值得注意的是，在占有改定、指示交付过程中，虽然当事人之间仅凭意思的转换引起了物权变动的生效，但其与意思主义的物权变动模式存在本质区别，因为“受让人实现自主支配”的事实状态完全独立于“物权变动的合意”而存在，两者的分离在未来物、种类物买卖中体现得更为明显。

其次，特殊动产交易双方的登记行为亦具有等同观念交付的形式价值。本书认为，特殊动产所有权的登记行为亦负载了观念交付的形式价值。有学者认为，登记行为相当于当事人已经进行了“默示的占有改定”，但有学者提出这种认定存有局限性，因为占有改定的约定不应包含默示的合意，且不能解释所有“未交付但已登记”的情形。[④]本书认为，双方的登记行为所蕴含的法律意义不仅限于“默示的占有改定”。如前所述，在观念交付之下，当事人间以受让人对标的物实现自主支配的状态为物权变动的生效标志。事实上，

① 孙宪忠．物权法的实施（第一卷）：物权的确定［M］．北京：社会科学文献出版社，2013：151.

② 刘家安．论动产所有权移转中的交付——若干重要概念及观念的澄清与重构［J］．法学，2019（1）：49.

③ 汪志刚．准不动产物权变动与对抗［J］．中外法学，2011，23（5）：1026.

④ 杨代雄．准不动产的物权变动要件——《物权法》第24条及相关条款的解释与完善［J］．法律科学，2010，28（1）：130.

登记行为本身已包含了双方对标的物实际控制的转换，足以实现“受让人的自主支配状态”。当未经交付时，若登记之时特殊动产被出让人占有，则其“自主占有”的意思因登记的完成转换为“他主占有”的意思，且该转换通过登记行为予以明示；若登记之时由第三人直接占有，则登记行为本身即为彰显当事人之间关于转移事实管领力的意思表示。在此种情形下，并非登记取代交付成为生效要件，而是登记本身已经蕴含了等同于观念交付的形式价值。此时，登记不仅足以为所有权转让的对世效力提供公示基础，而且吸收了观念交付所具有的表达所有权转让合意的功能，进而使得嗣后可能的交付沦为与物权变动无关的单纯的占有转移行为。①《买卖合同司法解释》第七条规定的第二种情形，“均未受领交付，先行办理所有权转移登记手续的买受人请求出卖人履行交付标的物等合同义务的，人民法院应予支持”，实际上就体现了当标的物未经交付时，对登记等同观念交付形式价值的承认。事实上，多数特殊动产所有权转移中的登记申请以交付的完成为必要，两者本来就是不可分割的。②例如《中华人民共和国船舶登记条例》第十三条第二款，申请船舶所有权登记当提供“船舶的买卖合同和交接文件”。又如《机动车登记规定》第十八条规定，交验机动车是机动车所有人申请转移登记的必要条件。

然而，承认登记行为具有等同观念交付的形式价值，并不等于直接以登记为物权变动的生效要件，因为其前提必须是出让人尚未向其他人交付标的物。若出让人先将标的物交付于某一受让人，嗣后又将同一标的物登记于另一受让人，则交付以后，出让人嗣后的登记行为已失去了等同于观念交付的形式价值。《买卖合同司法解释》第七条规定的第四种情形，即确定了“交付优先登记”的原则，规定“出卖人将标的物交付给受让人之一，又为其他买受人办理所有权转移登记，已受领交付的买受人请求将标的物所有权登记在自己名下的，人民法院应予支持”。

① 汪志刚. 准不动产物权变动与对抗［J］. 中外法学，2011，23（5）：1027.

② 崔拴林. 准不动产物权变动登记对抗规则的法理与适用——兼释《民法典》第225条［J］. 法学家，2021（2）：108.

2）“仅交付、未登记”情形下的特殊动产所有权的效力范围

根据《民法典》第二百二十五条，未登记的特殊动产的所有权“不得对抗善意第三人”。若仅作文义解释，不得对抗的第三人以“善意”为限，指不知道也不应当知道物权变动已经发生的第三人。[①]最高人民法院却认为，不得对抗的原因既然是未经登记，则对“善意第三人”的保护亦应围绕其对未经登记是否享有主张登记欠缺的正当利益，进一步具体化了善意第三人的实质范围。[②] 在理论和实践中，对于未经登记的特殊动产所有权的效力范围，亦存在诸多争议。

《物权编司法解释（一）》对登记对抗的“第三人”范围作了进一步排除，其第六条规定“转让人转移船舶、航空器和机动车等所有权，受让人已经支付合理价款并取得占有，虽未经登记，但转让人的债权人主张其为民法典第二百二十五条所称的‘善意第三人’的，不予支持，法律另有规定的除外”。对此，在司法实践中存在不同解释：一种观点认为，即使受让人的所有权未经登记，根据物权优先于债权的民法基本原理，物权即使不具有对世效力亦优于债权。[③]因此仅受领交付的受让人绝对可以对抗出让人的债权人。另一种观点，最高人民法院认为，当债之关系因交易产生时，债权人系对债务人整体清偿能力而非单纯基于对其名下的某特殊动产的合理信赖，因此转让人的债权人并不具有主张受让人欠缺登记的正当利益。[④]此外，在司法中还存在转让人的查封债权人是否属于第三人范围的讨论。当受让人取得的所有权未经登记，出让人（登记名义人）的财产却被强制执行时，该特殊动产被查封等措施予以固定，查封债权人与未经登记的所有权人形成了物上竞争关系。一种观点认为，应参照《执行异议和复议规定》第二十八条，[⑤]结合不同主体的信赖利益和过错程度来确定

① 黄薇. 中华人民共和国民法典释义（上）[M]. 北京：法律出版社，2020：433.

② 杜万华. 最高人民法院物权法司法解释（一）理解与适用 [M]. 北京：人民法院出版社，2017：189.

③ 《最高人民法院 民事裁定书（2019）最高法民申5598号》。

④ 杜万华. 最高人民法院物权法司法解释（一）理解与适用 [M]. 北京：人民法院出版社，2017：189.

⑤ 《最高人民法院关于人民法院办理执行异议和复议案件若干问题的规定》第二十八条规定，金钱债权执行中，买受人对登记在被执行人名下的不动产提出异议，符合下列情形且其权利能够排除执行的，人民法院应予支持：（一）在人民法院查封之前已签订合法有效的书面买卖合同；（二）在人民法院查封之前已合法占有该不动产；（三）已支付全部价款，或者已按照合同约定支付部分价款且将剩余价款按照人民法院的要求交付执行；（四）非因买受人自身原因未办理过户登记。

未经登记的所有权人和查封债权人之间优先保护的顺位。当受让人对未办理登记负有过错时，应优先保护对特殊动产查封具有信赖利益的查封债权人；受让人对未办理登记并无过错且全部支付价款，则应根据“物权优先于债权”的基本法理，优先保护受让人。[①]另一种观点则认为，虽然日本和法国都将查封债权人作为绝对不可对抗的第三人，但是与意思主义物权变动模式相对应，而我国特殊动产的物权变动仍以交付为生效要件，其未经登记仅是欠缺对世效力，而非不具有物权效力，若查封债权人可据此主张对抗利益，将与物权优先效力原则产生激烈冲突，亦将引起未经登记的特殊动产所有权是否属于物权的疑问，导致权利体系之混淆和紊乱。[②]

本书认为，以上分析的前提，是交付仅为物权变动的生效要件，但不是公示方法。据此未经登记的特殊动产所有权处于一种不完全的效力状态，但仍可以对抗出让人的债权人。其本质是基于意思主义的登记对抗原理来解释特殊动产所有权的登记对抗。[③]在这种解释路径下，在“交付生效主义+登记对抗主义”物权变动模式中，出现了债权、效力不完全的物权、绝对效力的物权三种权利形态，既不符合意思主义下的“大物权”概念，亦不符合形式主义下物权和债权以绝对权和相对权相区分的存在形态。[④]这无疑将特殊动产所有权的效力问题引向了错误的方向，亦导致了解释论上的混乱。如前所述，交付与登记均为公示方法，但交付为物权变动的生效要件，登记仅为保护特殊动产所有权人免受善意取得的剥夺的强化手段。未经登记的特殊动产所有权并非欠缺对世效力，其与普通动产所有权在效力上并无不同。进一步而言，出卖人将标的物交付给受让人，该受让人即已取得了特殊动产所有权，此时出让人又为他人办理所有权转移登记时，后登记的买受人因为未受领交付，即使登记了也无法获得所有权。

---

① 茆荣华.《民法典》适用与司法实务［M］. 北京：法律出版社，2020：96.

② 杜万华. 最高人民法院物权法司法解释（一）理解与适用［M］. 北京：人民法院出版社，2017：189.

③ 事实上，谈及登记对抗主义时，学者惯于使用日本民法的登记对抗主义学说作为参考，忽略特殊动产所有权的登记对抗与土地承包经营权、土地经营权、地役权、动产抵押权、非典型担保等物权的登记对抗制度存在本质区别。

④ 陶密. 论《民法典》中物权的定义与本质——以物权变动为视角［J］. 辽宁大学学报（哲学社会科学版），2021（1）.

故而即使未经登记，特殊动产所有权人当然可对抗出让人的一切债权人，即使该债权人已登记或者成为查封债权人、破产债权人等，本质上均属债权人。即使前述债权人因登记、查封或破产管理等措施实现债权特定化，并不能对抗未经登记所有权人，且不应因该所有权人是否对未登记负有过错、是否支付全部价款而有所不同。

3）多重买卖情况下的特殊动产所有权归属规则的再审视

在多重买卖中，可能因交付或观念交付的方式不同而导致特殊动产所有权的最终归属不同，仍需要结合善意取得制度予以逐一梳理。以“一物二卖”为例，在出让人是登记名义人的前提下，法律上存在两种可能：

第一种可能是第一受让人以交付、简易交付、指示交付等方式取得占有，出让人又将标的物卖给第二受让人，并登记于第二受让人名下的情形。第一受让人取得了未经登记的所有权，根据《民法典》第二百二十五条，若第二受让人为善意，未经登记的所有权人不能对抗之，对于第二受让人该物权变动相当于不存在。但因第二受让人并未取得标的物的占有，无法成立善意取得的构成要件。[①]因此，无论第二受让人是否为善意，未登记的所有权人的权利均未被剥夺。

第二种情形是第一受让人以占有改定的方式取得间接占有，出让人又将标的物交付或观念交付于第二受让人。当第二受让人为恶意时，则无论其以何种方式受领交付，第一受让人均得对抗其物权主张，保有其所有权；如果第二受让人为善意，第一受让人不能对抗之。此时第二受让人是否能够取得所有权，取决于是否能够适用善意取得。具体又分为两种情形，当第二受让人以交付、简易交付、指示交付取得该特殊动产，且符合善意取得的其他构成要件时，第二受让人取得特殊动产所有权。当第二受让人以占有改定取得间接占有，根据《物权编司法解释（一）》第十七条，即使其为善意，亦不能成立善意取得。换言之，在第二受让人为善意的情况下，未经登记的所有权人虽不能对其主张所有权，但仅当第二受让人只有满足善意取得的要件时，才能最终取得所有

① 在标的物已经交付、简易交付、指示交付给第一受让人时，第二受让人如果要满足善意取得的构成要件，只可能通过指示交付的方式取得对标的物的间接占有，这在现实中又是不可能的。

权（见表4-1）。

表4-1　多重处分中的对抗情形

出让人	第一受让人	第二受让人	第一受让人是否得以对抗第二受让人	
			第二受让人为善意	第二受让人为恶意
1	交付、简易交付、指示交付	登记	不可对抗，但第二受让人不能成立善意取得，第一受让人仍享有所有权	可以对抗，第一受让人享有所有权
2.1	占有改定	交付、简易交付、指示交付	不可对抗，第二受让人成立善意取得，第二受让人取得所有权	可以对抗，第一受让人仍为所有权人
2.2	占有改定	占有改定	不可对抗，第二受让人不能成立善意取得，第一受让人仍为所有权人	可以对抗，第一受让人仍为所有权人

通过表4-1可以发现，虽然当第二受让人为善意时，未经登记的所有权人即不得对抗之，但仅在2.1中，出让人先将特殊动产以占有改定转让给第一受让人，再以交付、简易交付或指示交付转让给第二受让人，善意取得才得以成立，第一受让人同时丧失其所有权。由此可知，《买卖合同司法解释》第七条规定的第一种情形——“先行受领交付的买受人请求出卖人履行办理所有权转移登记手续等合同义务的，人民法院应予支持”，并未考虑占有改定的变数。如前所述，根据《物权编司法解释（一）》第十七条，既然简易交付、指示交付等观念交付在善意取得构成中被认同，则只要在先交付系属占有改定，即不排除“多重交付的可能”，而后受让人可能因满足善意取得的构成要件，对先受领交付的受让人的所有权予以排除，[①]此时先受领交付的受让人的转移登记请求权不应获得支持。因此，建议将《买卖合同司法解释》第七条规定的第一种情形改为“先取得占有的受让人请求出卖人履行办理所有权转移登记手续等合同义务的，人民法院应予支持”。

① 郑永宽. 论机动车等特殊动产物权的登记对抗效力［J］. 法学家，2019（4）：88.

4.5 本章小结

与以效力区分的物债关系存在内在一致性的是“债权形式主义+公示生效主义”的物权变动模式。其中，不动产物权以登记为公示方法，采用“债权形式主义+登记生效主义”模式，动产物权变动以交付为公示方法，采用“债权形式主义+交付生效主义”模式。因为公示方法的不同，不动产物权变动模式与动产物权变动模式的实际运行具有较大差异。

不动产物权以登记为公示方法，与动产物权变动中的观念交付可作为现实交付的替代方式不同，法律在不动产物权变动中仅认可登记的公示效力，由于登记由登记机构依法实施，登记公示力的权威性以及稳定性极高，与之相应的登记公信力的适用空间极小。“债权形式主义+登记生效主义”的物权变动模式是完全落实了绝对性物权与相对性债权的总体定位，不动产物权变动生效过程就是当事人的债权合意经登记以后被确认为绝对性物权的过程，故绝对性为不动产物权的本质属性，其与债权的区分体现为绝对权与相对权的区分。

动产物权变动以交付为公示方法。由于受到表征方式过于单一，观念交付（简易交付、指示交付、占有改定）的替代作用等不利影响，交付的权利外观基础愈发薄弱，在物权制度中产生如下体系效果：一是导致动产物权的无权处分时有发生，法律基于保护交易安全的需要不得不对其以善意取得的制度安排做出特别规制。二是法律对船舶、机动车、航空器等特殊动产的所有权、抵押权在交付生效主义之上叠加登记对抗主义，此时交付或观念交付为物权变动的生效要件，而登记主要为削减善意取得在特殊动产之上的适用空间，以上均导致在交付生效主义下物债关系的实质形态亦产生了根本性改变。

指示交付、占有改定等观念交付本身不具有足以为外界所识别的权利外观，却仍能与债权合意共同引起物权变动的生效，表明受让人以直接占有或间接占有的方式，对标的物实现自主支配的状态，才是动产物权变动生效的决定性标志。可见在交付生效主义下物权体现为支配性的本质特征，物债关系的区分实质为支配权与请求权的区分。以物权变动为目的的债权需要经过交付或观念交付的过程，才能被法律确认为物权。因交付或观念交付的具体方式不同，交付生效主义下的物债关系的运行机制亦有所不同：

在经交付、简易交付生效的物权变动中，一方面受让人通过取得占有而实现了对标的物的实际控制，从而构成了支配权的现实基础；另一方面该物权变动具有了必要的“外部可识别性”，构成对世效力的正当性支持，因此受让人取得的物权具备了支配权与绝对权的双重性质。可见，“支配性”的物权本身亦具有对世效力，从而具有绝对权的属性。而在经指示交付、占有改定生效的物权变动中，受让人以取得间接占有的方式实现了对标的物的支配，亦满足了支配权的事实构成，但因为缺乏足以为外界可识别的外观——占有的现实转移，受让人取得的物权欠缺产生对世效力的正当性基础。虽然该生效的动产物权仍被法律承认具有对世效力，但一旦无权处分的买受人满足了善意取得的构成要件，则经占有改定、指示交付取得的动产物权均不得对抗之。

一般而言，在交付/观念交付生效主义下以物权变动为目的的债权被确认为物权，以处分人有处分权为前提。但由于以“支配性”为本质特征的物权以占有为外部表征，在现实中真实权利人将标的物的占有转移于他人的情况甚为常见，导致在交付生效主义下占有人进行无权处分的概率远高于登记生效主义。法律为保护交易安全，在法定要件成立时切断了真实权利人的物权追及效力，并对物权的归属予以重新确认——使得无权处分交易中的债权亦得经交付或观念交付而转化为具有绝对效力的物权，这亦是反映在交付/观念交付生效主义下物权本质及物债关系的不可或缺的角度。

无权处分行为的效力是善意取得制度的前置性问题。原《合同法》第五十一条无权处分行为效力待定的规定引起了较大争议，此后的原《物权法》《买卖合同司法解释》在区分原则、善意取得制度等方面均对此进行了回应和修正，《民法典》更是摒弃了原《合同法》的效力待定论，明确了无权处分合同不因欠缺处分权而无效。随着无权处分规范基础的改变，善意取得制度的解释论亦发生了实质性改变。体系效应之一，动产善意取得的本质应确定为依法律行为的取得，而非依法律规定的原始取得；体系效应之二，即确定了善意取得的正当性基础为“受让人的善意填补了无处分权的欠缺”，并以此确定其适用边界为“除欠缺处分权外，交易行为具备物权变动生效的一切其他要件”，以此确定善意取得的成立要件为“有效的转让合同+受让的善意+登记或交付（观念交付）”。

占有及交付的权利推定力的退化，亦直接导致了法律对船舶、机动车、航空器等特殊动产物权采用混合主义物权变动模式，即在交付生效主义之上叠加登记对抗主义，使得特殊动产物权的生效以交付或观念交付的完成为决定性标志，但须经登记后方能对抗善意第三人。可见在“交付/观念交付+登记对抗主义”模式下，受让人先通过交付或观念交付取得“支配性”的物权，该物权经登记后才能完全排除善意取得的适用空间。这一过程对特殊动产物权公示方法的确定具有决定意义，并构成了特殊动产所有权多重处分、特殊动产善意取得的内在逻辑，即仅经交付（或观念交付）、但未登记的特殊动产物权业已生效，其可以对抗出让人的债权人（基于物权的优先性）、侵权人等完全无权利的人（基于权利不可侵性）、继承人和连环交易中的前手和后手（基于内部关系），以及恶意的物权竞争人。而对仅经登记而未受领交付或观念交付的受让人而言，在出让人未将标的物先行交付（或观念交付）给其他受让人的前提下，应视为登记行为已经吸收了观念交付的形式价值，取得了绝对效力的物权，此时该物权得以对抗任意第三人。

故在其善意取得的构成要件中，出让人的权利外观应以交付和登记为表征，根据在交易习惯中该特殊动产是否业已具备登记基础，两者并非并存而非替换的关系。换言之，除《民法典》第三百一十一条规定的善意、合理对价、交付之外，在交易习惯中已经具备登记基础的特殊动产，其受让人善意的判定，还要求以出让人是特殊动产的登记名义人为前提。

5 “意思主义+公示对抗主义”下物权变动的内在逻辑

与交付权利推定力的退化形成鲜明对比的，是在网络信息技术的推动下，登记的公示功能得到不断强化和提升。登记簿由公权力机构根据法律设置，不仅可以准确、详细地记载有关权利义务关系，更得益于统一登记信息管理基础平台的建立，使得交易主体可以方便快捷地查询、获取有关权利信息，导致登记公示的效力和效率得到进一步加强。随着工业社会进一步向信息社会转变，在信息技术支撑下的登记制度对整个物权体系的改造作用将是决定性的。最突出的转变，是《民法典》以及有关单行法将越来越多的动产物权、可转让性财产权益纳入登记范围，并在意思主义的物权变动模式之上统一确立了登记对抗主义的公示效力模式，[①]从根本上打破了物权与债权以绝对权与相对权的区分实质，亦使得整个财产权体系的总体格局和物权变动规则发生了实质性转变。本章首先对登记对抗主义下的物债关系的一般样态予以概括，然后将分别

---

① 我国《民法典》中采用的意思主义物权变动模式均与登记对抗主义的公示效力模式相对应，不存在纯粹的意思主义模式。

以土地经营权、动产担保物权为例对登记对抗主义下的物债关系予以阐述。

5.1 登记对抗主义下物债关系的一般样态

5.1.1 登记对抗主义模式的一般规则及法律意蕴

登记对抗主义在我国《民法典》中被表述为“未经登记，不得对抗善意第三人”，具体适用登记对抗主义物权变动模式的物权类型主要可以分为三类：一是农村土地承包经营权、土地经营权、宅基地使用权、地役权等不动产用益物权；二是动产抵押权，以及融资租赁、所有权保留等非典型担保；三是船舶、航空器、机动车等特殊动产的所有权和抵押权。其共同之处在于，登记对于以上三类物权均不具有权利构建意义，但是具有补足权利效力的作用，即只有经过登记以后，前述权利才具有足以对抗任意第三人的对世效力。但前述三类权利登记对抗的内在构造又存在本质不同，即前两类物权的权利构建以意思主义为基础，即采用“意思主义+登记对抗主义”的模式，而特殊动产所有权、抵押权的权利构建则以交付生效主义为基础，采用了“交付生效主义+登记对抗主义”的模式。本节仅对“意思主义+登记对抗主义”的模式予以探讨，对特殊动产的“交付生效主义+登记对抗主义”的模式已在前章第4节专门展开，不再赘言。

1）现行法律采用登记对抗主义的现实基础

如果说登记对抗主义的制度起源是对于意思自治的极度推崇——构成了法国民法中的登记对抗主义的精神内核，那么我国现行法采用登记对抗主义则主要是一种迫于现实的折中方案。可以发现，采用登记对抗主义的农村土地承包经营权、土地经营权、宅基地使用权、地役权等不动产用益物权，全部是与农村土地相关的用益物权。一方面由于我国现有土地管理制度对于农村不动产流转一直采取了相对限制的立场，[①]直

① 尽管近年来已经体现出逐渐放开的趋势，特别是在农村集体建设用地上已经开始了城乡一体化的转变，但在整体上城市与农村不动产市场的差异仍然存在。

接导致农村土地市场的整体活力远不如城市，在有限范围内流转的农地用益物权基本上难逃“熟人社会”的固定圈子，交易主体申请登记的动力严重不足，这导致农村不动产用益物权未经公示的事实流转在现实中大量存在。如果在立法上贸然采用登记生效主义，将导致大量有关农地产权的历史遗留问题难以解决，因此只能在法律上先承认未经登记的农地用益物权的法律地位，但在对世效力上通过登记对抗主义进行控制。另一方面，由于历史上农村不动产登记系统的建立远落后于城市，时至今日虽然建立了不动产统一登记的基础信息管理平台，但农村不动产登记信息的数字化和精确程度仍然不能和城市相媲美，这决定了农村不动产用益物权不仅从制度的创立之时就无法采用城市不动产用益物权的登记生效主义，在可预见的未来仍无法具备足以支撑登记生效主义模式的现实基础。

这种基于现实的选择对动产抵押权亦是同理，但除了动产登记系统薄弱的现实考量以外，动产抵押权采用登记对抗主义的初衷还体现了立法者的一种价值衡量，即登记对抗主义不以登记为动产担保物权的生效要件，更加有利于降低交易成本而加速动产交易的流转，这对于目前优化营商环境，特别是解决中小企业融资难的问题具有积极意义。

2）登记对抗的效力范围

我国《民法典》登记对抗主义的统一表述为“未经登记，不得对抗善意第三人”，其核心是登记仅作为物权变动的对抗要件，与登记生效主义下物权仅呈现绝对权的效力状态不同，登记对抗主义模式下的物权可以呈现为两种效力状态，即未经登记前仅对当事人、知情第三人具有约束力的相对效力状态，以及登记以后足以对抗任意第三人的绝对效力状态。“未经登记，不得对抗善意第三人”的“对抗”，是指一方对另一方的权利主张予以反驳或排除的权利。[①]如果仅进行文义解释，“第三人”的范围仅以“善意”的主观限定，但王泽鉴先生认为，“就文义言，对抗云者，系以权利依其性质有竞存抗争关系为前提。”[②]事实上

---

① 程啸，高圣平，谢鸿飞. 最高人民法院新担保司法解释理解与适用［M］. 北京：法律出版社，2021：338.

② 王泽鉴. 民法学说与判例研究（重排合订本）［M］. 北京：北京大学出版社，2015：1481.

登记对抗主义中的“善意”的标准在我国并没有明确规定，唯一可参照的是《物权编司法解释（一）》中对于善意取得制度中的“善意”的解释，即“不知道或不应当知道出让人无处分权”，从而将登记对抗主义下的“善意”解释为“不知道或不应当知道物权变动的发生”，而“恶意”则根据“善意”的法律内涵解释为“知道或应当知道物权变动的第三人”。但在理论上，未经登记的物权并非仅得对抗恶意第三人。具体而言，未经登记的物权的效力范围如下：

1.不区分善意、恶意的情形

通常认为，对于侵权人等完全无权利的人、继承人、连环交易中的前手和后手，与无论其是否为善意，仅受领交付的受让人都可以对抗之[①]，具体包括：

一是侵权行为人。无论仅受领交付的受让人所取得的所有权是否具有对世效力，均已具有“权利不可侵性”。即使是债权，亦因“凡是实体民事权利均在原《中华人民共和国侵权责任法》（以下简称原《侵权责任法》）所保护的范围之内，债权是民事权利，当然受到侵权责任法的保护”。[②]因此，即使在意思主义下未经登记的用益物权不具有对世效力，均不影响其向侵权人主张损害赔偿。按照原《物权法司法解释（一）》第八条规定，非依法律行为生效的物权变动，但尚未完成动产交付或者不动产登记的物权人，亦得以行使物权请求权保护其物权，即体现了相同的立法精神。二是内部关系当事人，主要包括继承人、连环交易中的前手和后手等。因为登记的对抗效力系对交易关系以外的第三人发生，所以从产生权利冲突的关系范围看，内部关系当事人应当绝对排除。[③]其中，继承人是对原权利人法律地位的完全继受，属于内部关系人，因此，当然不在“不得对抗”范围之内；连环交易中的前手和后手，对仅受领交付的受让人来说都是交易的相对方，亦不涉及登记的对抗问题。

---

① 龙俊．中国物权法上的登记对抗主义［J］．法学研究，2012，34（5）．
郭志京．也论中国物权法上的登记对抗主义［J］．比较法研究，2014（3）．
杜万华．最高人民法院物权法司法解释（一）理解与适用［M］．北京：人民法院出版社，2017．

② 王利明，杨立新，王轶，等．民法学［M］．5版．北京：法律出版社，2017：871．

③ 杜万华．最高人民法院物权法司法解释（一）理解与适用［M］．北京：人民法院出版社，2017：199．

2.需要区分善意、恶意的情形

由于我国现行法律及有关司法解释缺乏对于登记对抗主义一般规则的阐述与解释，因此，对于"善意第三人"的范围理论上一直存在争议。[①]其中争议的焦点即在于在第三人是善意的前提下，第三人的范围是否包括一般债权人和特定物债权人。

首先，一般债权人通常是指出让人的无担保债权人。未经登记的物权，无论是不动产用益物权还是动产抵押权，虽然不具有对世效力，但其与纯粹具有相对效力的债权仍有本质区别，即当第三人知情时，仍然具有物权的对抗效力及优先效力，这表明该相对性的物权在本质上仍然具有优先于债权的法律地位，因此未经登记的物权应得以对抗出让人的一般债权人。[②]此外从另一个角度而言，未登记物权是否得以对抗的实质问题，在于该物权是否可以作为出让人或抵押人的责任财产存在。本书认为，对一般债权人而言，其与出让人或抵押人形成债权债务关系是基于其对于出让人或抵押人的整体偿还能力的信赖，也就是基于责任财产的全部，而非仅限于未经登记的物权一项，因此，并不需要该项物权必须通过登记的权利外观才能从出让人或抵押人的责任财产中剔除。因此本书认为，登记对抗主义下的受让人取得的物权即使未经登记，亦应可以对抗出让人的一般债权人。[③]

其次，出让人的特定物债权人，也就是以特定物为给付标的的债权。本书认为，决定未经登记的物权是否得以对抗的关键在于登记对抗主义下的未经登记的物权与特定物债权的区分界限。对此，本书将在本节的第三部分予以解答。

---

① 龙俊. 中国物权法上的登记对抗主义［J］. 法学研究，2012，34（5）.
郭志京. 也论中国物权法上的登记对抗主义［J］. 比较法研究，2014（3）.（限于篇幅，本书不予详细展开）

② 王泽鉴. 动产担保交易法上登记之对抗力、公信力与善意取得［M］//王泽鉴. 民法学说与判例研究（重排合订本）. 北京：北京大学出版社，2015.

③ 有学者对此观点持否定意见，认为"不登记不得对抗的第三人范围是否包含一般债权人，实质上就是一个交易安全（动的安全）与意思自治（动的安全）的冲突问题。更进一步而言，就是一个交易成本的分配问题。主张不登记不得对抗的第三人范围包含一般债权人，则意味着交易中的当事人要在更多的情况下承担登记成本；主张不登记不得对抗的第三人不包含一般债权人，则意味着交易中的第三人要在更多的情形下承担调查成本。因此从交易效率和交易成本的角度而言，未经登记的物权并不应对抗出让人的一般债权人。笔者并不赞同该观点，因为从一般债权人角度而言，其负有调查义务的对象是债权人的整体偿还能力，对于未经登记的物权本身并不负有单独的调查义务。见：龙俊. 中国物权法上的登记对抗主义［J］. 法学研究，2012（5）：150.

5.1.2 登记对抗主义下物权的“对抗性”本质属性

我国《民法典》在“债权形式主义+登记生效主义”的一般原则以外，农村土地承包经营权、土地经营权、宅基地使用权、地役权等诸多不动产用益物权适用“意思主义+登记对抗主义”的变动模式。因为用益物权的目的在于不动产的使用和利用，这种静态的物权享有是不需要公示的，当当事人无变动物权意思时，完全可以任意地、秘密地通过各种合法方式来享用（占有、使用、收益）其物或对其物进行事实上的处分，而不需要负担任何公示义务。[①]因此对以上不动产用益物权，法律削弱了调控力度，仅要求其进入流通时须纳入公示系统。与动产物权不同的是，不动产具有不可移动的物理特性，且其使用和利用具有长期性和持续性，此时没有必要以受让人对不动产的即时占有作为物权变动生效的形式要件，故此类物权在当事人间生效采用意思主义，只要当事人就特定不动产的物权变动达成合意即引起物权变动的生效。此外，虽然采用登记生效主义是抵押权作为价值权本质的内在要求，但为改善和优化营商环境、解决中小企业融资难的问题，需要在确保交易安全的前提下兼顾交易效率，《民法典》对于动产抵押权亦采用了登记对抗主义的变动模式，但同时设置了正常经营权中的受让人的保护制度作为配套措施。

综上，以客体特定为决定性标志的土地承包权、土地经营权、宅基地使用权、地役权等不动产用益物权，以及动产抵押权，法律对其效力控制侧重于关系内部，当事人只要就特定标的物达成意思一致，法律即承认物权的有效成立，但未经登记仅得对抗知情第三人，此时物权以“对抗性”为本质属性。当未经登记时，“对抗性”的物权处于一种效力不完整的状态，需要经登记后才获得对抗善意第三人的效力。

以“对抗性”与“支配性”为本质属性的物权均不以登记为生效要件，但两者的法律特征仍存在本质不同：首先，“对抗性”的物权生效以后仅得对抗相对人和知情的第三人，经登记后才能具有绝对效力；而

---

① 孙宪忠. 物权法的实施（第一卷）：物权的确定［M］. 北京：社会科学文献出版社，2013：192.

"支配性"的物权生效的同时即取得了绝对效力。其次，在客体特定的前提下，动产物权更强调以对标的物的实际支配（体现为直接占有或间接占有的方式）作为物权变动的生效标志，这与不动产物权变动的立法精神具有显著不同，因不动产不能随时、随意的转移占有，法律在效力规则上并不关注其实际占有状态，仅强调当事人间物权变动合意的达成，但该物权须经登记实现公开化和客观化，方能进入市场自由流转，以实现权利人对不动产或动产的交换价值的支配。可见，"绝对性""支配性""对抗性"的物权分别反映了登记生效主义、交付/观念交付生效主义、登记对抗主义下的物权变动的不同决定性特征，其中以"绝对性""支配性"为本质属性的物权是效力完整的物权形态，也就是物权的理想状态。而在登记对抗主义下，"对抗性"的物权经登记以后，才能达到效力上的圆满状态。

5.1.3 登记对抗主义下物债关系的运行机制

在登记对抗主义模式下，因为物权变动采用意思主义——当事人之间以物权变动为目的的债权合意一经达成，物权变动即在当事人之间发生效力。因此，在登记对抗主义下以物权变动为目的的债权已经与以未经登记的物权发生混同，此时只存在未经登记的物权，并不存在以物权变动为目的的债权。未经登记的物权能否对抗出让人的特定物债权人，《最高人民法院关于适用〈中华人民共和国民法典〉有关担保制度的解释》第五十四条详细规定了未经登记抵押权的对抗效力：首先，根据该条第一项、第二项，未登记的抵押权人不能对抗善意的受让人、善意的承租人，但以该受让人、承租人取得对标的物的占有为前提；其次，根据该条第三项、第四项，未经登记的抵押权人不得对抗抵押人的查封、扣押债权人，以及抵押人的破产债权人或管理人。在利益衡量上，无担保债权人是基于标的物上不存在担保负担的责任财产状态，在债务人的责任财产被查封、扣押时，债权人即与未登记抵押权人的利益发生实质冲突，此际对于未登记抵押权人和无担保债权人应实行平等保护。[①]未

---

① 程啸，高圣平，谢鸿飞．最高人民法院新担保司法解释理解与适用［M］．北京：法律出版社，2021：347.

经登记的抵押权不得对抗抵押人的破产债权人或者管理人的原理亦同。

但需要特别强调的是，与未经登记的物权发生混同的债权仅限于以物权变动为目的的债权。如果脱离物权变动的视角，非以物权变动为目的的债权与“对抗性”的物权之间实际上仍旧存在清晰的区分界限，即两者之间的区分主要体现为客体的差异，以“对抗性”为本质特征的物权范畴较登记生效主义发生了扩张——以特定物为给付对象的债权均被归入物权范畴，而债权的客体范围则相应限缩，其客体主要包括不涉及物的、纯粹的给付行为，以及以不特定物为对象的给付行为。虽然登记对抗主义的出现是一种基于现状的被迫选择，但以“对抗性”为本质属性的物权体现了物权“相对性格”的一面，是对物权编“通则”中的绝对性物权定位的冲击，并从根本上打破了物权与债权在外部效力上的区分格局。

5.2 登记对抗主义下物债关系的特殊样态之一：动产担保物权的功能化统一

担保制度既有确保债权实现的功能，又有促成资金高效率运用的功能。[①]相对于用益物权制度仅局部的新增两类权利类型，《民法典》在担保物权制度上的进步和变革却具有根本性的全局意义，主要体现为在采用登记生效主义的不动产抵押权制度以外，建立了统一采用登记对抗主义的动产担保制度，并呈现鲜明的功能主义立法特征。本书认为，在《民法典》确立的动产担保制度中，规范核心即为同一动产之上各类担保物权的优先顺位规则，其内在逻辑主线实际上就是登记对抗主义下的“对抗性”的物权与债权的区分与转化关系。

5.2.1 动产担保物权制度的形成基础

担保物权，是指为了确保特定债权的实现，债务人或者第三人动产、不动产或财产权力上设定的，当债务人不履行到期债务或者发生当

① 王利明. 担保物权制度的现代化与我国《民法典》的亮点 [J]. 上海政法学院学报（法治论丛），2021，36（1）：1.

事人约定的实现担保物权的情形时，债权人有权就该担保财产变价并优先受偿的限制物权。[①]根据担保物权的定义，担保物权的本质为价值权，以优先支配标的物的交换价值为其主要内容，并从属于债权而存在。担保物权的第一个分类是法定担保物权和意定担保物权的区分，前者主要体现为留置权，而后者则包含了抵押权、质权等。本书主要是基于依法律行为生效的物权变动的视角，因此在这个层面上所探讨的担保物权主要为意定担保物权，基于篇幅限制以及文章体系的考虑，本书对于法定担保物权——留置权暂不予以展开。

1）不动产抵押与动产质押的传统格局

如前述，在以《德国民法典》为代表的形式主义立法中，财产权利基本秩序建立在物债区分论基础之上，即物权与债权的区分实质体现为绝对权与相对权的区分形式。绝对性物权概念的体系效应之一，即物权法定原则在整个物权制度体系中的贯彻与实施，这直接导致了物权制度呈现形式主义的立法模式——置重于当事人就交易安排的表象，依交易的形式归属不同的法域予以调整。[②]原《物权法》的制度安排便具有形式主义的典型特征，在物债二分的基本框架下，将保证规定在合同法部分，将担保物权规定在物权法部分，然后又在物权法定原则下将担保物权分为法定担保物权（主要指留置权）和意定担保物权（包括抵押权和质权），并分别设置不同的法律规则予以规范。其中，意定担保物权又分为动产质权与不动产抵押权——因不动产物权变动以登记为公示方法，其担保物权形式体现为以登记为生效要件、不以转移占有为必要的抵押权；而动产物权变动以交付公示方法，体现为以转移占有为生效要件的质权。总之，担保物权制度呈现以不动产抵押为主、动产质押为主的二元格局。

担保物权制度的发展史上，长期以不动产担保物权作为担保的主要形式，直至19世纪，动产担保都是受限制的。[③]不动产抵押权能在担保体系中一直占据主导地位，主要原因在于不动产的特性更符合担保物权

① 程啸．担保物权研究［M］．2版．北京：中国人民大学出版社，2019：11.

② 高圣平．动产担保交易的功能主义与形式主义——中国《民法典》的处理模式及其影响［J］．国外社会科学，2020（4）：4.

③ 王利明．担保物权制度的现代化与我国《民法典》的亮点［J］．上海政法学院学报（政法论丛），2021（1）：2.

作为价值权的本质要求，一是不动产较动产而言，更具有稀缺性和价值上的稳定性，更适合作为债务的担保物存在。二是不动产的特定化程度更高，有关权利状况更适合建立登记系统予以公示，以上特征使得不动产抵押权成为担保物权的主要存在形态之一，在信用经济中持续发挥着重要的担保作用。而作为动产担保物权的质权，则在经济效率上存在先天的制度缺陷：虽然转移质物的占有在一定程度上确保了质权的实现，但却极大地抑制了质物的正常利用与使用，从而不可避免地造成闲置和浪费，同时质权人可能还要承担质物的保管和维护费用，并承担质物价值贬损的风险。此外，由于占有仅为一种单一的事实状态，无法像登记那样准确地记载质权的内容和效力，质权人有较大空间利用其占有的外观无权处分质物，当第三人符合动产善意取得之要件时，出质人又不得不面临丧失质物所有权的法律后果。可见，质权本身的制度设计对出质人、质权人均可能产生不利后果，并非是一种双赢的经济选择。

2）动产与权利抵押权的兴起

德国民法作为形式主义的经典立法，只有土地、与土地相同的权利（如地上权）和观念上的（按份）共有权的份额，才可以成为抵押权的负担客体，动产原则上不属于抵押权的客体，其上只能成立质权。[①]但在讲求效益的工业经济时代，一方面手工制造向机械化规模生产模式的转变，动产，特别是船舶、航空器等特殊动产的批量生产使其经济价值剧增，另一方面生产设备、原材料、半成品、产品等动产仅采取质权的担保形式将严重阻碍企业的正常生产经营，完全不能满足融资需要，动产仅限于质权担保的法律传统在我国民法上得到了变通和发展。现已废除的《物权法》第一百八十条规定了宽泛的抵押权客体范围，并将兜底条款的表述调整为“法律、行政法规未禁止抵押的其他财产”，已经将普通动产包含在内，但事实上具有制度支撑的动产抵押权仅限两类动产：一是企业、个体工商户、农业生产经营者以现有的以及将有的生产设备、原材料、半成品、产品设立的动产浮动抵押；二是针对生产设备、原材料、半成品、产品，正在建造的建筑物、船舶、航空器，交通

① 鲍尔，施蒂尔纳．德国物权法（下册）[M]．申卫星，王洪亮译．北京：法律出版社，2006：63.

运输工具所设立的动产（固定）抵押。原《物权法》第一百八十八条、第一百八十九条对以上两类动产抵押权规定了“意思主义+登记对抗主义”的物权变动模式，即抵押权自抵押合同生效时设立，未经登记不得对抗善意第三人，而对普通动产抵押权的有关规则却未予明确。事实上原《担保法》对普通动产的抵押权也作了规定，其第四十三条规定了普通动产抵押权的登记对抗主义，并确定了抵押人所在地的公证部门为登记部门。但原《物权法》并未继承原《担保法》的规定，造成了普通动产抵押权在制度和机制上并未获得基本法层面的确认。这使得在实践中普通动产抵押制度虽然未被法律禁止，但由于缺乏必要的机构和制度支持，与不动产抵押在数量上相比如同凤毛麟角。

《民法典》第四百零三条整合了原《物权法》第一百八十八条、第一百八十九条的规定，统一规定了动产抵押权自抵押合同生效时设立，但未经登记，该抵押权不得对抗善意第三人，从而在法律层面确立了统一的登记对抗制度。[①]这表明，在现有的法律框架下，只要是债务人或者第三人有权处分的，未被法律、行政法规禁止的财产，无论是动产、不动产还是其他财产权利，均可以成为抵押权的客体。随着网络信息技术的飞速发展，除了有形财产外，还有大量的无形财产如数据资产、虚拟财产等，而且还出现了大量的新型财产权利，这些财产权利自身具有巨大的价值，可以成为抵押权的客体，如知识产权、股票、证券等。这些无形财产和财产权利也是现代财富的重要形式，将其纳入可供担保的财产范围，不仅可以拓展担保财产的范围，而且能充分释放这些财产的交换价值，从而满足交易实践的需要。[②]在这样的经济背景下，抵押权已经跨越了不动产的藩篱，从而成为整个物权制度所通用的担保物权形式。为在确保交易安全的前提下兼顾交易效率，《民法典》对于动产抵押权采取了登记对抗主义的变动模式，[③]但同时设置了正常经营活动中的受让人保护制度，为正常交易中的买受人免除了查询登记的调查

---

① 刘竞元. 民法典动产担保的发展及其法律适用［J］. 北京：法学家，2021（1）：56.

② 王利明. 担保物权制度的现代化与我国《民法典》的亮点［J］. 上海政法学院学报（政法论丛），2021，36（1）：10.

③ 为贯彻实施《民法典》关于动产及权利担保的有关规定，国务院发布了《国务院关于实施动产和权利担保统一登记的决定》（国发〔2020〕18号），确定中国人民银行征信中心动产融资统一登记公示系统为动产和权利担保统一登记平台，为各类动产的抵押权登记提供了制度基础和技术支持。

义务。

5.2.2 动产担保合同的自由形式与统一公示机制

1)《民法典》中的担保物权的功能主义立法倾向

有学者认为，相较于原《物权法》，《民法典》在整个担保物权的体系塑造上突破了原有的形式主义结构特征，体现出功能主义的立法倾向，①即《民法典》在物权编第四分编“担保物权”第十六章“一般规定”第三百八十八条关于担保合同的界定中，在抵押合同、质押合同以外，增加了“其他具有担保功能的合同”的表述，相当于承认了在抵押权、质权之外，还存在其他的担保物权形式，并适用物权编“担保物权”的一般规定。

一般认为，现行法律上的“其他具有担保功能的合同”包括融资租赁、保理、所有权保留等非典型的担保合同，②亦有观点认为担保合同还包括让与担保合同、设立特定账号合同等。这类非典型担保合同的共性在于：其一，此类合同具有担保功能，但应作限缩解释，即该担保合同为设立担保物权的合同，不包括保证合同、定金合同、押金合同及保证金合同等。③其二，统一采用“意思主义+登记对抗主义”的物权变动模式，即担保合同自当事人间达成合意时既已成立，未经登记，虽然不得对抗善意第三人，但其担保的债权亦可以优先于普通债权受偿；经过登记后，此类担保合同具有得以对抗任意第三人的效力，与抵押权等担保物权具有相同的法律效果。将“其他担保合同”纳入担保合同的范畴，实际上体现了我国担保制度向功能主义转变的立法倾向。推动这种转变的动因在于《民法典》的编纂阶段正值我国提出持续优化营商环境之际，要进一步增强我国在吸引投资方面的优势，担保制度的设计就必须顺应国际动产担保制度改革的总体趋势，特别是世界银行集团的《全球营商环境报告》在其指标体系中将各国是否采行基于功能主义的一元

---

① 高圣平. 动产担保交易的功能主义与形式主义——中国《民法典》的处理模式及其影响［J］. 国外社会科学，2020（4）.
王利明. 担保物权制度的现代化与我国《民法典》的亮点［J］. 上海政法学院学报（政法论丛），2021，36（1）.

② 黄薇. 中华人民共和国民法典释义（上）［M］. 北京：法律出版社，2020：747.

③ 崔建远. 中国民法典释评：物权编（下卷）［M］. 北京：中国人民大学出版社，2020：321.

化动产担保交易制度作为评估指标之一，在此背景之下，功能主义的立法潮流必然影响到《民法典》担保物权分编的体系重构和规则设计。[①]

相对于形式主义将担保物权区分为不同类型，并适用不同规则的立法模式，功能主义并不是要求不同担保交易的所有方面都适用相同的规则，其仅强调与第三人效力有关的规则应当统一，即不区分担保物权的具体形态，只要有担保功能，就适用统一规则。[②]美国法即为功能主义的代表性立法，在财产权的基本秩序上，其并没有严谨的物权的概念，虽然存在债的概念，但并未如大陆法系那样存在与之配套的债权制度，更没有在此基础上建立起界限分明的物债区分理论。这种"轻形式、重实质"的立法思想亦贯彻于担保制度中，美国法上并不严格区分抵押、质押等担保物权类型，凡是具有担保功能的交易形式均被纳入担保制度的范围。灵活多样的担保形式之间，唯一统一的是当事人须通过办理登记获得对世效力，并统一按照登记的先后顺序确定权利实现的顺位以及权利间的竞存及冲突问题。

2）功能主义立法的实质是担保合同的自由化以及登记的统一公示制度

有学者认为，《民法典》的担保制度仅是"在守成的基础上体现出了功能主义的创新"[③]，总体上仍保持着形式主义的基本格局，仍需以物债区分的思维方式处理和安排财产权的整体秩序，如虽然在物权编"担保物权"部分第三百八十八条增加了"其他具有担保功能的合同"，但有关所有权保留、融资租赁等担保合同的规定仍在合同编中予以规范，并未纳入物权编。本书认为这种体系安排貌似遵循了物债区分的形式主义特征，实际上反而引起了物债体系的内在矛盾。如前所述，在登记对抗主义下的当事人间关于设立担保物权的合意一经达成，有关担保物权已经生效，只是未经登记尚不足以对抗善意第三人而已，此时债权性的担保合同已经被未经登记的担保物权吞并，体现为不能对抗善意第

---

① 高圣平. 动产担保交易的功能主义与形式主义——中国《民法典》的处理模式及其影响［J］. 国外社会科学，2020（4）：5.

② 王利明. 担保物权制度的现代化与我国《民法典》的亮点［J］. 上海政法学院学报（政法论丛），2021，36（1）：11.

③ 王利明. 担保物权制度的现代化与我国《民法典》的亮点［J］. 上海政法学院学报（政法论丛），2021，36（1）：12.

三人的效力状态，如果第三人对于该担保物权是知道或应当知道的，则该担保物权仍对其具有对抗效力，这与仅对相对人具有约束力的债权有本质区分，故《民法典》将所有权保留、融资租赁等担保形式置于合同编的体系安排并不合适。

若从整个动产担保制度的角度出发，可以发现动产担保制度向非典型担保形式的拓展已经从根本上改变了动产担保物权的整体运行机制，即采用登记对抗主义的动产抵押权，其权利生效的过程可以抽象为各类动产担保合同先通过当事人的合意以不能对抗善意第三人的物权生效，经过登记后成为具有绝对效力物权的过程，即体现了担保物权“对抗性”的本质属性。而法律对非典型担保的承认，则意味着担保合同已经在形式上突破了物权法定原则下强制类型化的限制，可以由当事人任意约定、自由安排——只要功能上具有担保作用即可。在这种机制下，有关动产担保物权一经双方合意的达成即导致“对抗性”的物权生效，虽然未经登记不得对抗善意第三人，但足以支持担保物权人获得优于一般债权人受偿的法律地位，①再经登记转化为具有绝对效力的担保物权。这对于目前的市场主体，特别是中小企业而言，无疑是一种富有弹性和自由选择空间的担保机制，并兼顾了交易效率与交易安全两种价值目标，对改善营商环境、优化担保机制具有重要的促进作用。

5.2.3 以公示次序为内在逻辑的担保物权顺位规则

与担保合同的自由化相对应的，是担保物权的绝对效力由登记机制予以统一控制，由于动产之上还可能存在以占有为公示方法的动产质权，我国《民法典》第四百一十四条、第四百一十五条集中规定了不同类型的担保物权竞存时所应遵循的顺位规则。其中，第四百一十四条规定的是同一物上数个抵押权并存的情形，而第四百一十五条则规定了同一财产之上既设立抵押权又设立质权的情形，即按照登记、交付的时间先后确定清偿顺序。总体上，第四百一十四条、第四百一十五条确立了以公示次序为内在逻辑的担保物权顺位规则。

---

① 本章第1节中提到，有学者对于登记对抗主义下未经登记的物权是否足以对抗抵押权人的一般债权人存在质疑，从制度初衷的角度考察，这种质疑根本没有必要，因为如果不能对抗一般债权人，未经登记的抵押权根本没有存在的意义。

1）以登记为核心的担保物权竞存规则的完善

《民法典》第四百一十四条是自原《物权法》第一百九十九条修改而来的。在原《物权法》以前，原《民法通则》与原《民法总则》均未对同一财产之上设立数个抵押权的优先顺位问题予以规定，但原《最高人民法院关于贯彻执行〈中华人民共和国民法通则〉若干问题的意见（试行）》第一百一十五条第一款规定“抵押物如由抵押人自己占有并负责保管，在抵押期间，非经债权人同意，抵押人将同一抵押物转让他人，或者就抵押物价值已设置抵押部分再作抵押的，其行为无效。”原《担保法》第三十五条的规定则更为清晰，亦明确限制了重复抵押、超额抵押。抵押人所担保的债权不得超出其抵押物的价值。财产抵押后，该财产的价值大于所担保债权的余额部分，可以再次抵押，但不得超出其余额部分。抵押物折价或者拍卖、变卖后，其价款超过债权数额的部分归抵押人所有，不足部分由债务人清偿。为鼓励担保、促进交易，原《最高人民法院关于适用〈中华人民共和国担保法〉若干问题的解释》（下简称原《担保法司法解释》）第五十一条以“抵押人所担保的债权超出其抵押物价值的，超出的部分不具有优先受偿的效力”变相改变了原《担保法》第三十五条的限制。

在原《担保法》第三十五条及原《担保法司法解释》第五十一条的基础上，原《物权法》第一百九十九条彻底放弃了对于重复抵押、超额抵押的限制，将抵押物的经济效率发挥至最大化，其规定“同一财产向两个以上债权人抵押的，拍卖、变卖抵押财产所得的价款依照下列规定清偿：（一）抵押权已登记的，按照登记的先后顺序清偿；顺序相同的，按照债权比例清偿；（二）抵押权已登记的先于未登记的受偿；（三）抵押权未登记的，按照债权比例清偿。”

《民法典》第四百一十四条又进一步完善了原《物权法》第一百九十九条的内容，首先删除了原《物权法》第一百九十九条第一项中“顺序相同的，按照债权比例清偿”；其次是增加了第二款“其他可以登记的担保物权，清偿顺序参照适用前款规定”。这两处修改体现的是有关规范基础及立法技术的改善：

一是已废除的《担保法司法解释》第五十八条曾规定“当事人同一

天在不同的法定部门办理抵押物登记的，视为顺序相同”，但在电子化登记系统的技术支持下，不动产统一登记制度以及动产与权利担保统一登记制度的建立，使得“顺序相同的”担保物权登记在技术上发生的概率极低，其先后顺序均可在登记系统中得以确定。

二是“其他可以登记的担保物权”主要为以登记为公示方法的权利质权，以及《民法典》第六百四十一条、第七百四十五条规定的所有权保留、融资租赁等具有登记能力的非典型担保合同。在《民法典》以前，原《担保法》和原《物权法》均没有对权利质权的优先受偿次序规则进行明确规定，尽管两者在“权利质权”部分均规定了权利质权的准用规范，但其准用的是动产质权的规定，动产质权以占有或交付为公示方法，其有关优先受偿次序规则无法与权利质权实现对接，这直接导致了原《物权法》、原《担保法》关于同一权利上登记的数个权利质权之间的优先受偿次序规范出现了立法漏洞。[①]而所有权保留、融资租赁等非典型担保更是首次受到《民法典》物权编（第三百八十八条）的承认，“其他可以登记的担保物权，清偿顺序参照适用前款规定”条款（《民法典》第四百一十四条）的增加，弥补了原《物权法》和原《担保法》的缺失与漏洞，事实上统一确立了以登记为公示方法的各类担保物权的优先受偿次序规则。

2）不同公示方法的担保物权的顺位规则

第一，动产抵押权与动产质权的优先受偿次序。当同一财产之上既设立抵押权又设立质权时，首先是指同一动产之上动产抵押权与动产质权并存的情形。大陆法系的他物权的传统分类，以德国法为例，是保持动产或不动产之上各类物权表征方式的唯一性，即动产之上只能设立以占有为表征的质权，不能成立以登记为表征方式的抵押权。我国立法对于动产抵押权接纳则经过了一个逐步放开的过程，现已废除的《担保法》第三十四条并未明确规定动产抵押权，仅在第一款第六项规定了“依法可以抵押的其他财产”；原《物权法》第一百八十条则进一步放宽为“法律、行政法规未禁止抵押的其他财产”，动产作为有形财产的重

① 孙宪忠，朱广新．民法典评注：物权编（4）［M］．北京：中国法制出版社，2020：223.

要组成部分，自然被纳入抵押权的客体范围。因此，法律允许同一动产之上同时设立两种公示表征的担保物权，即以占有为表征的质权，以及以登记为表征的抵押权。除了公示方法不同以外，两者还适用不同的物权变动规则。动产质权采用交付生效主义，动产抵押权则采用登记对抗主义。这使得动产质权与动产抵押权因此产生了两种竞存的情形：一是同一动产之上经交付生效的质权与未经登记的动产抵押权的竞存。二是同一动产之上经交付生效的质权与已经登记的动产抵押权的竞存。对此，争议的焦点在于交付时间的确定并不如登记一般容易辨认或举证，当事人可以在设定抵押权后与第三人串通，以质权设立在先为由对抗抵押权。因此，在学界和司法实践中均存在一种观点，认为只要对抵押权进行了登记，其公示效力就优于质权，如现已废除的《担保法司法解释》第七十九条第一款就规定，同一财产法定登记的抵押权与质权并存时，抵押权人优先于质权人受偿。该法条在司法实践中得到了贯彻和应用，在诸多司法实践中，[①]司法机关均根据原《担保司法解释》第七十九条的规定，判决设立在后的抵押权由于在先的质权受偿。

《民法典》第四百一十五条修正了以上“重登记、轻交付”的思路，该条规定“同一财产既设立抵押权又设立质权的，拍卖、变卖该财产所得的价款按照登记、交付的时间先后确定清偿顺序”，对登记与交付一视同仁，确立了“公示在先，顺位在先”的权利优先受偿次序。这体现了在公示系统下对登记与交付二元格局的尊重，既然动产抵押权建立了登记公示制度，动产质权建立了交付的公示制度，就应按照其公示完成的先后确定担保物权人优先受偿的次序。对于公示在后者而言，公示在先者既然已经予以公示，无论该公示是在交付生效主义法制下，还是在登记对抗主义法制下，都因公示的完毕而产生得以对抗第三人的效力。[②]该条对现实交易所产生的实际影响亦较为深远：当在某一动产上设立抵押权之时，抵押权人须先考察该抵押物是否在抵押人的占有之下，以排除该动产已被先设立质权之嫌；而在某一动产上设立质权之时，质权人则须先查询动产抵押登记系统，以确定该动产是否已经抵押

① （2016）闽04民终1315号、（2018）浙03民终1694号、（2020）京民终385号等民事判决书。

② 孙宪忠，朱广新．民法典评注：物权编（4）[M]．北京：中国法制出版社，2020：223.

给他人。

第二，权利抵押权与权利质权的优先受偿次序。同一财产之上的抵押权与质权的竞存，还可以体现为同一权利之上既有抵押权又有质权的情形。根据《民法典》第三百九十五条，只要是“债务人或者第三人有权处分的”“法律、行政法规未禁止抵押的其他财产”均可以抵押，原则上财产权利之上亦可设立抵押权。但是在第十七章“抵押权”中，仅规定了不动产抵押权的登记生效主义，以及动产抵押权的登记对抗主义，并未明确对权利抵押权采用登记对抗主义还是登记生效主义，唯一可以确定的是权利抵押权应以登记为公示方法。有观点认为权利在性质上属于无形动产，因此其应与动产一样，适用登记对抗主义的物权变动模式。[①]《国务院关于实施动产和权利担保统一登记的决定》（国发〔2020〕18号）在列举动产和权利担保统一登记范围时，“其他可以登记的动产和权利担保”的兜底规定亦为权利抵押权纳入动产融资统一登记公示系统预留了空间。

对于权利质权而言，其公示方式既可以是登记（包括没有权利凭证的汇票、本票、支票、债券、存款单、仓单、提单，基金份额，知识产权中的财产权，应收账款等），也可以是占有（包括有权利凭证的汇票、本票、支票、债券、存款单、仓单、提单等）。由于每一种权利均有其限定的公示方式，在同一权利上既设立抵押权又设立质权的情形在当前实践中发生的概率比较低，但并不能完全予以排除，但结合《民法典》第四百一十四条、第四百一十五条的规定，完全可以解决不同的担保物权人的受偿顺位问题。

3）其他担保物权人的主观状态对优先受偿次序的影响

《民法典》第四百一十四条、第四百一十五条仍有进一步商榷之处，即在登记对抗主义下，若某一动产抵押权尚未登记但业已生效，该动产之上的其他担保物权人对于该抵押权是否知情，应对担保物权的顺位产生实质影响，而第四百一十四条、第四百一十五条并未对此予以考虑。具言之，《民法典》第四百零三条规定“以动产抵押的，抵押权自

① 孙宪忠，朱广新．民法典评注：物权编（4）［M］．北京：中国法制出版社，2020：230.

抵押合同生效时设立；未经登记，不得对抗善意第三人”，故当第三人为恶意时，该抵押权仍得对抗之。第四百一十四条、第四百一十五条仅以公示方法作为确定先后次序的唯一考量因素有失严谨，如果生效、登记在后的抵押权人对生效在先但未登记的抵押权是知情的，则应承认该未登记的抵押权人享有优先于登记在后抵押权的受偿。诚然，将第三人主观因素引入顺位规则虽然在法理上更为严谨和完善，但其弊端亦十分明显，即令整个顺位规则变得更为复杂，特别是在将第三人（其他担保物权人）的主观因素纳入考虑时，不仅增加了当事人的举证责任，实际上暗含着增加了抵押合同的生效时间作为确定顺位的又一标准，从而极大地增加了抵押权的审判难度和实践成本。

5.3 登记对抗主义下物债关系的特殊样态之二：土地经营权之集合性

《民法典》的用益物权制度基本沿袭了原《物权法》的既有制度和管理格局，仅局部地增加了两种新的用益物权类型——居住权和土地经营权——分别涉及城市和农村的房地产领域的深刻变革。对于居住权，《民法典》采用了登记生效主义的物权变动模式，且对其含义、设立、转让、消灭等方面进行了具体而明确的规定；而土地经营权作为我国独有的农村土地“三权分置”模式的核心法律概念，采用了登记对抗主义的变动模式，但在理论上却产生了关于其权利性质的热烈讨论。本书认为，其根源在于债权性的租赁关系通过被法律赋予登记能力而获得物权化的保护。从这个意义上而言，在《民法典》确定的“土地经营权”概念下，还存在另一种债权向物权的转化机制，即土地经营权的租赁权的物权化。

5.3.1 土地经营权性质的物债之争

1)《民法典》引入土地经营权的法律背景

土地经营权作为《民法典》引入的新型财产权利之一，标志着农地利用的“三权分置”模式在国家基本制度的层面得到了确认。基于探索性实践的考虑，《民法典》物权编关于土地经营权的引入，与此前物权法时期关于土地承包经营权的确立一样，采取了“原则确权”或者“框架确权”模式，仅选择设定对于体制具有关键意义的有限规定，而不是做出全面具体化展开。[①]同时，因其产生经历了先有政策、后有法律的内化过程，在法制化过程中，立法者一直将实现政策目标置于首位，以解决实践需要为出发点，只原则界定土地经营权的权利内容，不过多纠缠权利性质，[②]但在事实上，土地经营权的性质对于健全和完善“放活土地经营权”的流转制度具有关键意义。因为无论是《民法典》的框架性规定，还是修订后的《中华人民共和国农村土地承包法》（以下简称《农村土地承包法》）第二章第五节“土地经营权”的详细展开，均不可能穷尽土地经营权在实际流转中所遇到的所有法律问题。在中国严格区分物权与债权的民事权利基本秩序下，权利性质决定了土地经营权作为一种财产权利类型的基本定位，任何进入市场化流转的财产权利首先要服从和遵循物债区分的财产权二元格局，否则就失去了高速运行的既定跑道。一味忽略或淡化权利性质这一基本问题，仅笼统规定有关权利义务，不仅会引起法律关系的逻辑混乱，而且会造成与其他规范适用上的矛盾冲突，更会限制土地经营权流转制度体系的更新和完善。

2）土地经营权的有关争议

因为土地经营权在诸多权能上既有物权特征，又有债权特征，所以引起了学界对其权利性质的诸多讨论。虽然结论各不相同，但有关探讨均是以物债区分理论为起点，并试图遵循我国民事财产权利物债区分的二元架构。这主要因为我国的民法制度体系在民国时期主要效仿德日法系，中华人民共和国成立之后至改革开放初期深受苏联的影响，总体上一直属于德国法系的范畴。在这样的民法体系中，物权和债权有着严格的界分，[③]从而构成了我国民事财产权利的基本秩序。土地经营权“似是而非”的法律属性，在一定程度上逾越了物权与债权的基本界限，在法律无明文规定时，容易引起规范适用逻辑上的混乱，并不利于土地经

① 龙卫球．民法典物权编“三权分置”的体制抉择与物权协同架构模式——基于新型协同财产权理论的分析视角［J］．东方法学，2020（4）：94.

② 刘振伟．对完善农村土地承包法律制度的认识（上）［J］．农村工作通讯，2017（22）：11.

③ 温世扬，武亦文．物权债权区分理论的再证成［J］．法学家，2010（6）：35.

营权流转市场的交易安全与有序运行。故运用物债区分思维对土地经营权的权利性质进行确认，在处理农地流转问题实践中具有方向性的指引价值。土地经营权到底属于物权还是债权？目前，对于土地经营权性质的主流观点包括物权化债权说、物权说和二元说。

物权化债权说的主要理由是：首先，根据《民法典》第三百三十九条，土地承包经营权人通过出租获得的土地经营权实质是债权性的不动产租赁权，依体系解释，以入股或其他方式流转的土地经营权亦应具有债权的属性。[①]其次，可以通过导入契据登记制法理，一方面在法律上赋予了土地经营权对抗第三人的效力，另一方在技术上使得本具有相对效力的债权性经营权明确化和相对独立化，[②]为土地经营权人获得融资担保提供了制度保障。最后，目前在农地流转过程中出租和转包的形式占总流转面积的比例高达78.6%[③]，如果将土地经营权定性为债权，不仅在土地承包经营权债权性流转内部取得了体系上的统一，而且通过物权化保护的制度安排既满足了长期的流转需求，又兼顾了短期的流转合意，从而更符合现有生产力发展水平下农地流转的实践需要。[④]

物权说主要基于以下三方面：首先，流转期限五年以上的土地经营权具有普遍性的对抗效力。根据《民法典》第三百四十一条，登记后的土地经营权具备对抗任意第三人的对世效力，而未经登记的土地经营权亦具备对抗恶意第三人，即知情第三人的效力。[⑤]可见土地经营权无论登记与否，均具有一定的对抗效力，这与仅具相对效力的债权具有本质区别。其次，土地经营权作为侵权责任法保护的客体只能是物权。有学者认为，判断是否为物权，关键在于是否赋予绝对保护。修订后的《农村土地承包法》第五十六条实则是将土地经营权当作与土地承包经营权一样的绝对权予以保护，使得土地经营权因此具备了典型的物权特征。[⑥]最后，物权属性更有利于落实“放活土地经营权”的改革目标。

---

① 宋志红．再论土地经营权的性质——基于对《农村土地承包法》的目的解释［J］．东方法学，2020（2）：152.

② 高圣平．承包地三权分置的法律表达［J］．中国法学，2018（4）：276.

③ 孙中华．关于农村土地“三权分置”有关政策法律性问题的思考［J］．农业部管理干部学院学报，2015（1）：4.

④ 高圣平．承包地三权分置的法律表达［J］．中国法学，2018（4）：276.

⑤ 黄薇．中华人民共和国农村土地承包法释义［M］．北京：法律出版社，2019：179.

⑥ 龙卫球．民法典物权编“三权分置”的体制抉择与物权协同架构模式——基于新型协同财产权理论的分析视角［J］．东方法学，2020（4）：99.

物权性的土地经营权虽较债权性的土地经营权压缩了当事人的自治空间，但其可以通过不动产登记以确保流转的客观化和公开化，同时在《民法典》中对抵押物流转限制的解除亦为其融资担保拓宽了道路，具有不可替代的制度优势。

二元说是在土地经营权性质的物债之争中脱颖而出的折中观点，其将土地经营权视为两种类型的土地经营权的集合概念，即将流转期限五年以上的土地经营权定性为益物权，而将五年以下的土地经营权定归为债权的范畴。学者认为，这种“物债并行”的流转权利体系设计，可以应对多种多样的实践需求。但需要对《农村土地承包法》第三十六条进行限缩解释，将“出租（转包）”解释为五年以下债权性土地经营权设立的专属方式，而五年以上的物权性土地经营权的设立方式则被“其他方式”所包含。[①]无论物权化债权说、物权说，还是二元说，均从两个角度予以立论：第一是试图通过文义解释对土地经营权予以定性，但土地经营权的物权属性或债权属性均可以在《民法典》和《农村土地承包法》中找到支撑依据，呈现出“既像物权又似债权”的权利特征。第二是以落实政策目标为出发点，讨论物权性和债权性经营权的孰优孰劣，但因物权化债权说认可了登记作为流转的技术保障，二元说更是按照流转期限的长短将其归于不同性质的土地经营权，这使三种观点在“放活经营权”的实现机制上并无实质差异。本书首先不赞成二元说。因为二元说将具有登记能力的土地经营权定性为物权，其内在逻辑实为“登记能力=物权属性”，而物权化债权说正是通过登记赋予债权性土地经营权物权化保护的，可见登记能力作为物权与债权的区分标志并非定论，故以此为土地经营权性质的区分标准有失严谨。

3）土地经营权的权利特征

结合上述三种学说，本书从《民法典》和《农村土地承包法》对土地经营权的有关规定展开，从物债区分的角度对土地经营权的权利特征进行了总结：

---

① 宋志红. 再论土地经营权的性质——基于对《农村土地承包法》的目的解释［J］. 东方法学，2020（2）：154.

①物权性特征。

第一，《民法典》物权编“用益物权”的体系位置及第三百四十条的定义。作为《民法典》新增的财产权之一，土地经营权被规定在物权编的第三分编“用益物权”部分，表明了立法者对其物权性质的基本定位。同时，根据《民法典》物权编首条“本编调整因物的归属和利用产生的民事关系”统领性规定，结合第三百四十条“土地经营权人有权在合同约定的期限内占有农村土地，自主开展农业生产经营并取得收益”进行体系解释，土地经营权的权利主体是“土地经营权人”，属于一般民事主体，表明法律上不从资格或身份的角度对土地经营权的取得作出限制；权利的客体是“农村土地”，与以给付行为为客体的债权有所不同；权利内容表述为“自主开展农业生产经营并取得收益”，强调了土地经营权人利用农村土地的方式和用途，彰显了土地经营权作为用益物权的权利特征。[①]

第二，具有一定对抗效力。根据《民法典》第三百四十一条“未经登记，不得对抗善意第三人”的规定，登记后的土地经营权具备对抗任意第三人的对世效力，而未经登记的土地经营权亦具备对抗恶意第三人，即知情第三人的效力。[②]可见无论登记与否，土地经营权均可以对抗一定范围内的第三人，这与仅具相对效力的债权存在一定区别。

②债权性特征。

第一，土地经营权人（受让方）对农地的事实或法律处分需要经承包方同意。《农村土地承包法》第四十三条、第四十六条和第四十七条，在家庭承包关系中，土地经营权的受让方对农地实施“投资改良土壤”“建设农业生产附属、配套设施”等事实处分，以及对土地经营权进行再流转、融资担保等法律处分时，均需经承包方同意，从而弱化了土地经营权人直接支配承包地的独立性，近似于《民法典》第七百一十五条、第七百一十六条规定的承租人对租赁物的处分权限，使土地经营权在权能上表现出很强的债权属性。[③]

第二，受让方得就其投资部分获得合理补偿。根据《农村土地承包

① 高圣平. 土地经营权的设权与赋权［N］. 光明日报，2019-02-12（11）.
② 黄薇. 中华人民共和国农村土地承包法释义［M］. 北京：法律出版社，2019：179.
③ 宋志红. 再论土地经营权的性质——基于对《农村土地承包法》的目的解释［J］. 东方法学，2020（2）：152.

法》第四十三条，家庭承包关系中的受让方经承包方同意实施的改良土壤，建设农业生产附属、配套设施等投资行为，有关费用并非由受让方承担，而是可以依合同约定向承包方要求合理补偿，这与租赁合同中的维修费用的承担规则比较相似。但值得注意的是，该条位于《农村土地承包法》第二章“家庭承包”以下，对第三章“其他方式的承包”取得的土地经营权并不适用。

第三，以出租为主要流转现状。通过出租获得的土地经营权实质是债权性的不动产租赁权，有学者认为“将出租规定为土地经营权的设定方式”是其债权属性的佐证之一，[①]这实际上是用法律关系的性质反推权利的性质，但物权亦可以存在于债的法律关系之中，如《农村土地承包法》修订之前，土地承包经营权亦以出租方式流转，但不能以此认为其权利性质就是债权。该逻辑同样适用于土地经营权，但有所不同的是，即使同样以出租流转，《农村土地承包法》修订前土地承包经营权以单独的承包合同设立，而土地经营权则自出租合同生效时设立，其差异的根源在于土地经营权的单方产生机制，容下文详述。

③其他有争议的定性特征。

一是在登记对抗主义下，不动产登记能力是否可以作为物权的决定性特征？在不同的物权变动模式下，物权与债权的区分边界亦有所不同。在登记生效主义下，不动产物权与债权的区分体现在外部效力上，不动产物权就是绝对权，债权就是相对权，登记作为对世效力之源，可以作为不动产物权与债权的区分标志；而在登记对抗主义下，未经登记的不动产物权亦已生效，不动产物权与债权的区分提前到登记以前，对世效力并非物权属性的自发特征，而仅是当事人自愿申请登记的法律效果。有学者提出将流转期限五年以上的土地经营权定性为用益物权，而将五年以下的土地经营权归为债权的范畴，[②]实则是以登记能力将同一权利区分为两种性质，本书认为这在登记对抗主义的物权变动模式下有失严谨。

---

① 宋志红．再论土地经营权的性质——基于对《农村土地承包法》的目的解释［J］．东方法学，2020（2）：152.

② 宋志红．再论土地经营权的性质——基于对《农村土地承包法》的目的解释［J］．东方法学，2020（2）：153.

二是侵权责任法的保护对象是否可以作为物权的定性依据？修订后的《农村土地承包法》第五十六条规定“任何组织和个人侵害土地承包经营权、土地经营权的，应当承担民事责任”，有学者认为该规定是“将土地经营权当作与土地承包经营权一样的绝对权予以保护，使得土地经营权又具备了典型的物权特征。”[①]因原《侵权责任法》第二条列举的民事权益中没有债权，理论上对债权是否可以作为侵权责任法的客体一直存有争议，但亦有观点坚持“凡是实体民事权利均在《侵权责任法》所保护的范围之内，债权是民事权利，当然受到侵权责任法的保护。”[②]《民法典》侵权责任编将其调整对象统一概括为“民事权益”，不再以列举的方式详细展开，表明了其保护对象兼容并包的开放立场。债权作为最重要的民事权利之一，自然应属于侵权责任法的调整范围之内，故受到侵权责任法的保护并不能作为土地经营权的物权特征之一。

5.3.2 土地经营权的产生机制与法律构造

根据《民法典》，流转期限五年以上的土地经营权“自流转合同生效时设立”，从流转的角度规定了土地经营权的设立过程。“流转”的含义，本应是权利从一方当事人向另一方的流动，其前提是流转方已经享有了该权利，而受让方是从流转方处继受取得该权利。换言之，土地经营权应先经过设立并生效的过程，然后才能进入流转环节，法理上两者具有先后次序而非同时发生，但《民法典》将土地经营权的设立与流转进行了一体化处理，虽然在实际操作中简单易行，却掩盖了设立土地经营权的实质过程。

1）设立土地经营权的法律构造

修订后的《农村土地承包法》在第九条规定了在家庭承包关系中土地经营权的产生机制，即“承包方承包土地后，享有土地承包经营权，可以自己经营，也可以保留土地承包权，流转其承包地的土地经营权，由他人经营”。根据该规定，承包方先从其享有的土地承包经营权中分离出土地经营权，再将其流转给他人。因此土地经营权的设立本质上是

① 宋志红. 再论土地经营权的性质——基于对《农村土地承包法》的目的解释［J］. 东方法学，2020（2）：152.

② 王利明，杨立新，王轶等. 民法学［M］. 5版. 北京：法律出版社，2017：871.

基于承包方的单方处分行为，但由于该设立行为是为流转作出的，没有必要在订立流转合同前单独实施，故法律上认为承包方在与受让方签订“出租、入股或其他方式”的流转合同时，即同时包含了为自己设立土地经营权的意思表示。虽然在实践中的大多数情况下两者是同时作出、即时生效的，且均属于“对抗性”的物权，但理论上设立行为一经作出即生效，而流转合同需待合意达成才能生效，两者的生效时间实际上存在细微的差别。

此外，《农村土地承包法》第四十七条第一款规定，承包方可以用承包地的土地经营权向金融机构融资担保。该条的主体是“承包方”，在未发生流转的情况下其享有的应是土地承包经营权，但提供融资担保的对象却是土地经营权，可见承包方自行用土地经营权融资担保的过程实则内涵了承包方先行为自己设定土地经营权的过程。①

民法理论认为，只有所有权人才得以为他人设定限制物权，②土地经营权由承包方为自己设定，似乎在法理上有所欠缺。在中国的国情背景下，土地经营权的单方产生机制却有其理论和现实上的自洽性：第一，中国农村土地的基本制度决定了农民家庭及个人的“类所有权人”地位。农村土地的所有权人是农民集体，其实际上是由若干单一的农民资格共同构成，所以农民家庭或个人对于农地享有“最终所有权”，③土地承包经营权不同于传统物权法中的土地所有权，但是蕴涵了比之更为深刻的价值与人权保障内涵，必须作为一种独立的等同于传统民法中的所有权的权利来看待。④第二，所有权人不能为自己设定限制物权，主要因为将发生权利混同的法律效果。但在限制物权的存续与所有权人或第三人有法律上的利益时，限制物权可以例外地不因混同而消灭。⑤土地经营权的特殊之处在于其在土地承包经营权受限的流转方面获得了合法性支持，这使承包方为自己设立土地经营权，并不会发生权利上的混同，反而激活了承包地的自由流转机制和融资担保功能，完全具有其

① 宋志红．再论土地经营权的性质——基于对《农村土地承包法》的目的解释［J］．东方法学，2020（2）：151.

② 谢在全．民法物权论（上册）［M］．5版．北京：中国政法大学出版社，2011：110.

③ 孙宪忠．推进农地三权分置经营模式的立法研究［J］．中国社会科学，2016（7）：152.

④ 孙宪忠．物权法的实施：物权确定（第一卷）［M］．北京：社会科学文献出版社，2013：415.

⑤ 王利明．论他物权的设定［J］．法学研究，2005（6）：79.

正当利益和法理支持。

2）单方设立土地经营权的法律构造

从产生机制来看，承包方为自己设立的土地经营权应属于用益物权，未经登记时其本质为“对抗性”的物权，经登记以后才具有对世效力。因债权只能在有相对方的法律关系中产生，而承包方在自己的承包经营权上分离出的经营权，在性质上只能为物权。对此，学界仍存在其是“用益物权”还是“次级用益物权”的进一步探讨。“次级用益物权说”[①]主要借鉴了德国民法上的次级地上权制度，认为土地经营权是以土地承包经营权为客体的权利用益权。[②]但本书认为，《民法典》第三百四十条规定的土地经营权是“在合同约定的期限内占有农村土地，自主开展农业生产经营并取得收益”，其客体是承包地，与其他方式承包关系中的集体土地所有权派生的土地经营权具有同质性，故其性质属于以物为客体的用益物权，而非以权利为客体的“次级用益物权”。况且从权利用益权的运行原理出发，如果将土地经营权的客体界定为土地承包经营权，则土地经营权人只能用益土地承包经营权本身（如就土地产出物进行收益），却无权耕作利用承包地，这显然与土地经营权的立法本旨相去甚远。[③]此外从权利内容上看，虽然土地经营权源自土地承包经营权的经营权能，但土地经营权具有更为自由的流转权能，故在权利内容上两者并非属于完全涵盖的从属关系，而是属于部分重叠的并列关系。从这个角度而言，土地经营权应是与承包经营权同等位阶的用益物权，而非派生于土地承包经营权的“次级用益物权”，这样的性质认定亦有利于保持“家庭承包关系”中的土地经营权与“其他方式承包”的土地经营权的内在一致性。

5.3.3 流转语境下土地经营权概念的集合性

1）“流转”法律内涵的历史变迁

《民法典》物权编仅在土地经营权部分采用“流转”一词描述其权

---

① 于飞．从农村土地承包法到民法典物权编：“三权分置”法律表达的完善［J］．法学杂志，2020（2）．

② 蔡立东，姜楠．承包权与经营权分置的法构造［J］．法学研究，2015（3）．

③ 房绍坤，林广会．土地经营权的权利属性探析——兼评新修订《农村土地承包法》的相关规定［J］．中州学刊，2019（3）：52．

利变动，主要是对《农村土地承包法》修订前既成用法的继受。“流转”一词用于农地承包关系中由来已久，早在2001年，中发〔2001〕18号文件即以《中共中央关于做好农户承包地使用权流转工作的通知》命名，2005年《农村土地承包经营权流转管理办法》规定农村土地承包经营权的流转方式包括转包、出租、互换、转让或者其他方式。这些流转方式最终在《农村土地承包法》中得到确认。根据修订前的《农村土地承包法》，“流转”是指土地承包经营权的权利变动，在家庭承包关系中主要包括转包、出租、互换、转让或者其他方式；在其他方式的承包关系中，主要是指转让、出租、入股、抵押或者其他方式。

其中，互换、转让、入股、抵押将产生物权法上的权利转移效果，出租（转包）则是典型的债权关系，并未发生实质上的物权变动，但由于实际利用土地从事农业生产的主体已经发生了变化，合同权利义务的实际承担者已经发生了变更，因此亦被作为农地流转的方式之一。①可见，农地承包关系中的“流转”，既包含出租等债权性让渡，又涵盖包含抵押在内的物权变动。但修订前的《农村土地承包法》对承包经营权的物权性流转和债权性流转作了实质区分，对物权性流转设置了更为严格的前提条件，其第三十六条规定土地经营权采取转让方式流转的，需要以发包方同意为必要前提，且转让对象限定于集体经济组织内部；而采取转包、出租或者其他方式流转的，则仅报发包方备案即可，且相对方可以是集体经济组织以外的组织和个人。

《农村土地承包法》修订后，其第十七条规定了土地承包经营权人享有“依法互换、转让土地承包经营权”“依法流转土地经营权”的权利，即土地集体所有权与承包经营权是承包地处于未流转状态的一组权利，属于“两权”分离；土地集体所有权与土地承包权、土地经营权是承包地处于流转状态的一组权利，属于“三权”分置。两组权利关系是并行不悖的关系。②“流转”一词的法律内涵亦有较大调整。首先，土地承包经营权的权利变动限于集体经济组织内部的互换和转让，“流转”

① 韩鹏．物权法视野中的农地承包权流转［J］．内蒙古农业大学学报（社会科学报），2006（4）．

② 刘振伟．巩固和完善农村基本经营制度［J］．农村经营管理，2019（1）：14．

一词专用于土地经营权；[①]其次，流转相对方的范围发生了实质性变化，新《农村土地承包法》强调无论土地经营权的流转属于物权性还是债权性，其对象均扩大为任何有农业经营能力或者资质的组织和个人，并不限于本集体经济组织的内部成员。最后，在流转方式上，新《农村土地承包法》依旧强调“流转”可以包容出租的债权性流转关系，但对家庭承包关系和其他方式承包关系的规定稍有不同。第三十六条规定家庭承包关系中的土地经营权的流转方式为“出租（转包）、入股或其他方式”，第五十三条规定在其他方式承包关系则增加了“抵押”，强调抵押交易在这种情形的可适用性。[②]

2）流转语境下的土地经营权的性质区分

土地经营权作为一项被《民法典》物权编确立的新型财产权利，在规定上却具有与其他物权明显不同的“特色”：如《民法典》在规定其他物权变动时均使用“设立、变更、转让、消灭”的话语体系，而仅在土地经营权上采用了“流转”；其他限制物权依法律行为取得时，均以当事人间独立的设立行为生效，而流转期限五年以上的土地经营权“自流转合同生效时设立”，将土地经营权的设立与出租、入股等流转行为合二为一。笔者认为，这些“特色”主要源于《民法典》和《农村土地承包法》将出租的债权式流转与入股等物权式流转统一规定的立法处理。

严格的法律意义上，入股属于物权性流转，即入股企业取得了土地经营权而成为土地经营权人；而出租属于债权性流转，其受让人并未取得土地经营权，仅具有租赁人的法律地位，其性质上属于债权关系的相对人。但《民法典》及《农村土地承包法》却将出租、入股等流转相对方统称为“土地经营权人”，等于赋予土地经营权的承租人与作为土地经营权人的入股公司等具有同等的物权法地位，并未作物权与债权的实质区分。同时，根据《民法典》第三百四十条，土地经营权人“在合同约定的期限内占有农村土地，自主开展农业生产经营并取得收益”的意蕴，亦可完全涵盖租赁的权利义务关系。在体系上，《民法典》第三百

① 高圣平．农村土地承包法修改后的承包地法权配置［J］．法学研究，2019（5）：70．

② 龙卫球．民法典物权编“三权分置”的体制抉择与物权协同架构模式［J］．东方法学，2020（4）：95．

四十条紧随第三百三十九条“土地承包经营权人可以自主决定依法采取出租、入股或者其他方式向他人流转土地经营权”之后，故文义上应将“土地承包经营权人采取出租向他人流转”的权利归为“土地经营权”。可见，对于以出租流转的土地经营权，虽然实质上受让方取得的是承租人的权利义务，与作为用益物权的土地经营权有本质不同，却被《民法典》和《农村土地承包法》一并称为“土地经营权”。因此，《民法典》与《农村土地承包法》中的“土地经营权”本质上并非作为单独的权利类型，而是同时包含用益物权、租赁权两种权利类型的集合性概念，而目前关于土地经营权性质的争论是在物债区分背景下就同一类型权利展开的，这与《民法典》及《农村土地承包法》所指的土地经营权存在方向性的偏差，两者不可能实现解释论上的衔接。

就作为用益物权的土地经营权而言，《民法典》和《农村土地承包法》规定了家庭承包关系中的土地经营权，以及其他方式承包关系中的土地经营权。

一是在家庭承包关系中，受让方通过入股等物权式流转方式取得土地经营权应为狭义的土地经营权。将狭义的土地经营权定性为用益物权，相当于在法律上给合作化经营的股份企业吃下了“定心丸”，赋予其用益物权人的法律地位，对于发展和完善农民专业合作经营具有关键的制度意义。土地经营权以入股等方式流转后，入股企业——多为农民专业合作社——取代承包方而成为独立的经营主体。根据《中华人民共和国农民专业合作社法》（以下简称《农民专业合作社法》）第五十五条，当入股企业经营亏损、资不抵债而破产清算时，作为出资的土地经营权应列入破产财产参与清算，并不退回承包方。[①]但由于承包地同时分担了农村社会保障功能，《农村土地承包法》在第四十三条、四十六条、四十七条均设置了“经承包方同意”的前提条件，使得承包方除了以其股权参与集体决策外，对于土地经营权的再流转、融资担保等法律处分仍享有同意权，从而较大程度地削弱了受让方独立支配、独立处分

① 这与农业农村部2005年颁布的《农村土地承包经营权流转管理办法》第十六条“公司解散时入股土地应当退回原承包方”的规定有所冲突，但《农民专业合作社法》属于位阶更高的法律，且于2017年配合《农村土地承包法》进行了修订，根据“法律高于行政法规和规章”“新法优于旧法”的原则，应适用《农民专业合作社法》的规定。

的物权人地位。此外，第四十三条还规定受让方“依法投资改良土壤，建设农业生产附属、配套设施”还可以依合同约定对其投资部分获得合理补偿，亦是以租赁关系为模型构建了土地经营权法律关系的内部利益安排，使得作为用益物权的土地经营权具有了较强的债权化倾向，直接导致了理论界对于其物权性和债权性的探讨。

二是在其他方式的承包关系中，土地经营权是集体土地所有权人为他人设立的用益物权。对于不宜采取家庭承包方式的农村土地，可以由集体土地所有权人通过招标、拍卖、公开协商等方式，为他人设立土地经营权。该土地经营权是由集体土地所有权人为他人设立的用益物权，实际上就是《农村土地承包法》修订前“以其他方式承包的土地承包经营权”，与家庭承包关系中的土地承包经营权具有同质性。因此其他方式承包关系中的土地经营权人享有较为完整、独立的用益物权，其有关权利义务由《农村土地承包法》第三章单独规定，在家庭承包关系中对于受让方的诸多限制对其并不适用。此外，笔者认为，因集体土地所有权亦存在流转上的法律限制，虽然法无明文规定，但按照承包方为自己设立土地经营权的逻辑，集体土地所有权人亦可以为融资的需要，为自己设定土地经营权而向金融机构融资担保。

5.3.4 土地经营权租赁关系的物权化保护

本书认为，《民法典》确定的“土地经营权”概念，虽然在登记对抗主义下并不存在以物权变动为目的的债权向物权的转化——因为两者本来就是一体的，但物权对债权的包容现象仍然存在，而是体现为债权性的租赁关系通过被法律赋予登记能力而获得物权化的保护。

以出租流转的土地经营权实质上等同于《农村土地承包法》修订前以出租、转包流转的土地承包经营权。在“两权分离”模式下已经形成了以出租、转包为主的农地流转现状，并非所有地区的经济发展程度、自然环境条件均适合农业现代化、规模化经营，出租对农民群众而言仍是最为重要的农地流转方式之一。《民法典》物权编将土地经营权的出租与入股等流转方式的一并规范，实际上是在一定范围内赋予了土地经营权的承租人相当于用益物权人的法律地位，在法律层面极大地稳定了承租人的经营预期，不仅有力保障了“两权分离”向“三权分置”的顺利过渡，更为放活土地经营权、进一步促进以出租方式流转土地经营权提供了制度支持，具体体现在两个方面：

首先，流转期限五年以上的租赁权应具有不动产登记能力。根据《民法典》及《农村土地承包法》的规范逻辑，第三百四十一条所指土地经营权，应为以出租、入股等方式流转且流转期限五年以上的土地经营权。如果严格按照物债区分理论，出租流转的土地经营权是债权性的，法律赋予其不动产登记能力是否具有法理基础？如前述，物权与债权的区分界限实际上受到物权变动模式的直接影响。在登记生效主义下，债权与物权的界限在于相对效力和绝对效力的区分，在此种前提下债权（如租赁权）如果进行不动产登记将彻底破坏物债区分的基本体系。但在登记对抗主义下，物权未经登记即已生效，此时未经登记的物权已经包容了以物权变动为目的的债权。故法律基于特殊的价值判断，亦可以赋予其他内容的债权以登记能力，这在登记对抗主义下反而获得了较登记生效主义更为合理的解释路径。因此，即使在出租流转关系中受让方取得的是租赁权，只要流转期限在五年以上，当事人亦可申请不动产登记。此外，虽然《不动产登记暂行条例》第五条规定了不动产权利依法办理不动产登记，但该条“法律规定需要登记的其他不动产权利”的兜底规定，亦为土地经营权的租赁登记留下了立法空间。

其次，出租流转的土地经营权亦应发挥融资担保功能。土地经营权制度的主要功能之一就是为农民群众提供资本支持，《农村土地承包法》第四十七条的对象是“受让方通过流转取得的土地经营权”，并未将出租流转方式排除在外，结合《中共中央 国务院关于坚持农业农村优先发展做好“三农”工作的若干意见》（中发〔2019〕1号）“允许承包土地的经营权担保融资”的政策精神，以及《民法典》第三百九十五条“法律、行政法规未禁止抵押的其他财产”的兜底性规定，以出租流转的土地经营权经登记后，亦应被纳入作为抵押权的客体范围。

5.3.5 土地经营权的规范适用逻辑

《民法典》将土地经营权的租赁关系置于物权编与入股等物权性转

让一同规定，体现了立法者对承租人提供物权化保护的政策性立场。在法律已有明文规定的情况下，不应纠结于这种一视同仁的规定方式对财产权利基本秩序的违背，而应在接受现实的前提下，将条文中所指的“土地经营权”解释为包括租赁权在内的集合性概念，并将此作为土地经营权有关规范适用的逻辑起点。具体而言，首先，《民法典》与《农村土地承包法》在有明文规定的情况下，根据“特别法优于一般法”的原则，对以出租方式流转的土地经营权应优先适用有关土地经营权的统一规定，承认其（期限五年以上）可以进行不动产登记和融资担保。其次，当法律无明文规定时，对以出租流转的土地经营权适用合同编“通则”及“典型合同”下租赁合同的有关规则。例如，《民法典》第七百一十六条至第七百一十九条关于转租的规定、第七百二十一条关于租金支付期限的确定规则等，均可以作为土地经营权租赁关系的法律依据。最后，以入股或其他物权性流转方式取得的土地经营权为真正意义上的用益物权，除了适用物权编第十一章“土地承包经营权”中的有关规定外，还可以适用用益物权编的一般规定，特别是依据第三百二十七条，当承包地被征收、征用致使用益物权消灭或者影响用益物权行使，土地经营权人享有一定的补偿请求权。

5.4 本章小结

首先，在登记对抗主义模式下，当事人只要就物权变动达成合意即可引起物权生效，但未经登记仅得对抗知情的第三人，该物权以“对抗性”为本质特征。在基于意思主义的登记对抗主义下，以物权变动为目的的债权已经与未经登记的物权发生混同，但需经登记后才具有绝对效力。

其次，采用登记对抗主义的动产物权变动规则还突破了物权法定原则下物债关系的运行机制。例如，采用登记对抗主义的动产抵押权、非典型担保，其运行机制均可以抽象为有关动产担保的合意引起“对抗性”的物权生效，经过登记后才能获得绝对效力的过程，这意味着设立担保物权的合意（担保合同）已经突破了物权法定主义的类型化限制，可以由当事人任意约定——只要具有担保功能即可生效。虽然该物权未经登记不得对抗善意第三人，但足以支持担保物权人获得较一般债权人优先受偿的地位，这对改善营商环境、提高担保效率具有重要促进作用。与担保合同的自由化相对应的，是其对世效力由法律通过登记机制予以统一控制，由于动产之上还可能存在以占有为公示方法的动产质权，因此，我国《民法典》第四百一十四条、第四百一十五条集中规定了不同类型的担保物权竞存时所应遵循的顺位规则。其中，第四百一十四条规定的是同一物上数个抵押权并存的情形，而第四百一十五条则规定了同一财产之上既设立抵押权又设立质权的情形，即按照登记、交付的时间先后确定清偿顺序。总体上，第四百一十四条、第四百一十五条确立了以公示次序为内在逻辑的担保物权顺位规则。

"对抗性"的物权对债权的包容不仅限于以物权变动为目的的债权，还包括其他内容的债权，如在《民法典》中将土地经营权的债权式流转与入股等物权式流转一并处理，并将其流转的权利统称为"土地经营权"，导致该语境下的"土地经营权"成为同时包含用益物权、租赁权两种权利类型的集合性概念，其实质是赋予土地经营权的租赁权（期限五年以上）以登记能力，为承租人提供物权化保护及融资担保的便利条件。

6 《民法典》多元物权变动模式之体系效应——物权体系的重构与扩张

物债关系的实质是反映物权与债权的范畴。范畴是人的思维对于客观事物普遍本质的概括和反映，[①]范畴及其体系是人类在意定历史阶段理论思维发展水平的指示器，也是确定一门科学成熟程度的标志。从历史上看，关于范畴的理论研究就是提出、分析、论证和积累概念的过程。所以范畴与概念没有实质区别，或者说范畴就是对客观事物不同方面进行分析归类而得出的基本概念，是内容更抽象、概括性更大的概念。[②]

6.1 《民法典》多元物权变动模式与物权体系的内在联系

6.1.1 多种物权变动模式下的物权体系的再界定

事实上，基于完全不同的物权与债权范畴，形式主义立法之中一般

① 中国社会科学院语言研究所词典编辑室. 现代汉语词典［M］. 7版. 北京：商务印书馆，2016：365.

② 张文显. 法哲学范畴研究［M］. 北京：中国政法大学出版社，2001：1-2.

不会并存登记生效主义与登记对抗主义两种公示效力模式。严格贯彻物债区分理论的立法，以德国民法为例，其物权变动模式仅承认登记生效主义，并不认可登记对抗主义。[①]而采用登记对抗主义的法国法律，一直倾向于将财产权视为一个整体的概念，或者将物权并入债权（人格主义理论），或者将债权并入物权（客观主义理论）。[②]而我国在登记生效主义的一般原则之外，在诸多具体的物权类型上采纳了登记对抗主义的物权变动模式，此时物权与债权的区分已无法纯粹通过外部效力，即以登记或交付等公示方法作为控制手段——进行彻底区隔，因为在登记对抗主义下，不经登记的物权仅具有相对效力，而这种物权的相对效力状态，无疑打破了绝对权与相对权的物债区分形式，从而引起了物权范畴在内在逻辑上的混乱，物权与债权的范畴必须在不同的物权变动模式下重新诠释。

1）物权客体范围的实质边界——特定性

历史上权利的区分最早即体现为对象的不同，彼时客体就对于权利具有重要的界定意义。如果从客体的角度来理解物权，并和债权、知识产权进行比较，发现真正区隔的不是物，而是特定性。[③]《民法典》虽然在物权之定义中，强调物权的客体为特定的物，并规定物仅限于不动产和动产等有体物，实际上物权编的担保物权部分已经悄然将物权的客体扩大为“财产”，担保物权的客体均表述为“担保财产”而非“担保物”，特别是第三百九十五条对于抵押财产范围之兜底规定为“法律、行政法规未禁止抵押的其他财产”。虽然《民法典》并未对“财产”的范畴予以明确，但从物权编所调整的财产关系类型来看，财产应包括动产、不动产以及其他具有经济价值的可转让财产权利。

此外，信息网络技术的飞速发展亦给物权客体范围的扩张带来了新的现实驱动力，其中最为典型的是网络虚拟财产等新型财产的出现。《民法典》第一百二十七条仅原则规定了“法律对数据、网络虚拟财产的保护有规定的，依照其规定”，虽然确立了依法保护数据和网络虚拟

---

① 席志国. 中德不动产登记效力比较研究——以统一不动产登记效力体系构建为视角［J］. 中国土地科学，2020，34（7）：25.
② 尹田. 法国物权法［M］. 北京：法律出版社，2005：34.
③ 苏永钦. 可登记财产利益的交易自由——从两岸民事法制的观点看物权法定原则松绑的界线［J］. 南京大学法律评论，2010（2）：17.

财产的原则，但鉴于数据和网络虚拟财产的权利性质存在争议，需要对其权利属性作进一步的深入研究，在进一步总结理论和实践经验后，再在立法上予以正式确认。①网络虚拟财产的性质问题十分复杂，涉及以网络虚拟财产为客体的法律关系类型及法律关系的调整问题，目前学界存在无形财产说、知识产权说、新型财产权说、物权说、债权说等诸多观点，其中物权说和债权说受到较多支持，但亦尚未形成定论。本书认为，网络虚拟财产本质上是电磁记录数据，只要在法律上具有排他支配或管理的可能性及独立的价值性，就可以被认为是财产法上的物，从而纳入物权的范畴。

无论财产的形态如何，只要其客体是特定且可控的，就可以在其上建立归属和利用的法律关系，适用物权的权利运行规则。不难发现，将物权的客体严格限于动产、不动产等有体物是没有必要的，如《民法典》新增无线电频谱资源作为国有所有权客体，从而反映了其力图使物权的客体脱离有体形态的禁锢，为更多新型财产权益纳入物权体系解除限制的立法倾向。事实上，《荷兰民法典》已经正式使用“财益”一词，作为传统的物和权利的上位概念，但该做法在我国“主体—权利—客体”的主观权利结构下，可能引起“双重所有权”的问题，严重混淆“物”和“权利”这两个基本范畴。故抽象的权利无法成为所有权、用益物权等涉及使用权能的权利客体，而仅能作为抵押权等价值权的客体。

2）物权的本体范畴是法定法律效果与意定法律效果的复合

在我国现行法中，有关物的法律关系多以“物权”表述，而有关债的法律关系则多被称为“债之关系”，这种“权利”与“关系”的思维定势源自理论上对物权（特别是所有权）的绝对性、单向性的权利特征，以及对债权的相对性、双向性特征的固化认识。事实上，仅从“权利”的层面理解物权的本质与内涵有失全面，《民法典》第一百一十四条将物权定义为“物权是权利人依法对特定的物享有直接支配和排他的权利，”这不仅将物权的内涵置于“人与物”间的支配关系，还置于

---

① 黄薇. 中华人民共和国民法典释义（上）[M]. 北京：法律出版社，2020：250.

"人与人"间的排他关系；此外，物权编首条即规定"本编调整因物的归属和利用产生的民事关系"，亦表明物权的客观内容是与物的归属与利用相关的权利义务关系的集合。

事实上，每一种法律关系都同时包含了一种法律利益与一种法律负担，而法律利益其实就是广义上的权利概念。因此在法学理论上，一种权利必然是一种法律关系，而一种法律关系也必然包含一种权利。[1]应该认识到，法律作为各种社会关系的行为规范，其实质是调整人与人之间的关系，而非人与物的关系。就具体的物权类型而言：

首先，所有权反映的是一种单一的物上关系。所有权是权能最为全面的物权类型，在对物的支配关系上，所有权体现为所有权人对特定物的占有、使用、收益和处分，其实质是在合法的前提下，所有权人得依其个人意志任意处置其所有之物，法律均不得限制或干涉，这构成了所有权的意定法律效果；[2]在对人的排他关系上，体现为法律禁止任何组织或者个人侵占、哄抢、破坏他人的所有物。所以，所有权的法律规范重心集中于调整所有权人与任意第三人间的法律关系，体现为一种单向的权利义务关系——所有权人只享有权利而不负担任何义务，而任意第三人作为义务人则仅承担不作为义务，不享有任何权利。在对人关系上，任何所有权的内容和效力都是高度一致的，来源于法律对于所有权的绝对保护，不体现个人意志而仅体现为法定的法律效果。[3]

其次，用益物权或担保物权等他物权则为反映当事人意志的双向权利义务关系。与所有权类似，用益物权、担保物权的关系本质是具有复合结构的权利义务群，包括意定法效与法定法效两个方面，但具体的内容和形态有所不同。第一，所有权人与他物权人之间，存在以他物权人如何使用、利用所有权人之物为内容的合意，该合意由当事人在物权法定原则下意思自治，一般而言，一方当事人享有权利以其承担相应的义

---

① 王涌. 私权的分析与建构［M］. 北京：北京大学出版社，2020：134.

② 因此所有权的意定法效是所有权人一人意志的集中体现，不需要与他人达成合意即自动生效。

③ 所有权本身亦包含了意定法效与法定法效，但由于所有权自身的全面性和完整性，其意定法效为所有权人自由支配其所有物的自由意志，属于对物关系，因此不需要法律进行调整和规范。

务为前提，且权利义务的内容由当事人之间自主决定，产生他物权的意定法效，对当事人双方具有约束力。第二，用益物权、担保物权亦产生法定法效，作用于用益物权人或担保物权人与任意第三人，同样具有单向性、法定性的特征，他物权人仅享有权利而不承担义务，且其权利内容已经由法律统一规定，不得更改。他物权的法定法效本质上是意定法效的经登记或交付的对外表达。

可见，仅所有权可以彻底区分“对物关系”与“对人关系”，担保物权、用益物权等他物权实质上是产生意定法效的“内部的对人关系”与产生法定法效的“外部的对人关系”的复合，但其并非两者的简单叠加，而是因权利代表的利益（即权利目的）不同而呈现不同的有机联系。

其一，因担保物权主要针对物上无形的交换价值，且必然涉及担保物权人与债务人的其他债权人的利益，决定了担保物权的立法必以其外部效力，即以法定法效为规范重心，因此对于不动产抵押权、动产质权，在法律传统上均要求其意定法效必须以法定法效的生效为前提。但随着融资需求的多样化，特别是为解决中小企业融资难的实际问题，担保物权制度呈现功能主义的发展趋势，抵押的形式亦从不动产延伸至动产，法律出于浮动抵押等担保形式的限制以及兼顾交易效率等考虑，采用了登记对抗主义模式，允许部分担保物权的意定法效可以相对独立于法定法效生效。

其二，与担保物权的抽象性、价值性不同，用益物权则以有体物的使用价值为目标，其规范重心在所有权所没有的内部关系——用益物权人与所有权人的关系上即使未经公示时，仅约束当事人的意定法效并不影响用益物权人实现其权利目的，故用益物权的意定法效不以法定法效的生效为必要前提，在绝对性物权的整体定位下该特性被称为“被忽略的相对性格”。值得注意的是，未经公示的用益物权与租赁等使用性债权关系仍具有实质差异。在以物债区分论为基础的财产权基本格局下，即使未经登记，用益物权人可以直接、自主地支配标的物，其享有的物权仍具有一定的排他效力，可以直接基于物权对抗一般债权人或者排除不法干涉，而在使用性的债权关系中，占有人对标的物的支配仅限于合同约定的目的，对标的物的任何事实或法律处分均须物权人的同意或配合，当面对不法侵害时或者基于其占有进行暂时性对抗，或者只能请求其相对人（物权人）行使物权请求权予以保护。可见，同一不动产上的未经登记的用益物权人仍享有优先于承租人的法律地位。

6.1.2 多元物权变动模式与物权体系的内在联系

可见，无论所有权还是担保物权、抵押权，其本质均可抽绎为法定法效和意定法效的复合，而物权变动模式体现的就是法定法效与意定法效的有机联系，从而反映了法定法效、意定法效与物权变动的效力联系。

在意思主义的物权变动模式下，当事人之间关于物权变动的合意直接产生物权的意定法效，虽然该意定法效不经公示不具有对世效力，但其生效即象征物权生效；而在形式主义物权变动模式下，法定法效则为意定法效生效的前提条件，法定法效不生效，意定法效亦不生效，意定法效与法定法效有机结合为一项完整的物权，即具有绝对效力的物权——而意定法效因为经过了公示的过程，亦具有绝对效力。如果说意思主义与形式主义分别代表“意定法效控制物权变动效力”以及“法定法效控制物权效力”的两种极端，那么“意思主义+登记对抗主义”则是一种折中的立法选择，即意定法效解决物权在当事人之间的约束力问题，而法定法效解决物权人与任意第三人的效力问题——法定法效与意定法效相对独立，各司其职。目前，在立法中采用纯粹的意思主义模式的情况极为少见，绝大多数立法均将意思主义与登记对抗主义相结合。虽然《民法典》在物权编的通则部分确立了“债权形式主义+公示生效主义”模式的一般原则，但亦规定了“法律另有规定的除外”的除外条款，并在具体的权利类型上大量采用了“意思主义+登记对抗主义”模式（见表6-1）。

表6-1　　《民法典》物权编中的具体权利类型的公示效力模式

<table>
<tr><th colspan="5">权利类型</th><th>公示效力模式</th><th>物权编</th></tr>
<tr><td rowspan="9">不动产物权</td><td colspan="4">所有权</td><td>登记生效主义</td><td>第二百零九条</td></tr>
<tr><td rowspan="2">担保物权</td><td colspan="3">抵押权</td><td>登记生效主义</td><td>第四百零二条</td></tr>
<tr><td colspan="3">留置权</td><td>不可转移</td><td>无</td></tr>
<tr><td rowspan="6">用益物权</td><td colspan="3">建设用地使用权</td><td>登记生效主义</td><td>第三百四十九条</td></tr>
<tr><td colspan="3">居住权</td><td>登记生效主义</td><td>第三百六十八条</td></tr>
<tr><td colspan="3">农村土地承包经营权</td><td>登记对抗主义</td><td>第三百三十三条、第三百三十五条</td></tr>
<tr><td colspan="3">农村土地经营权</td><td>登记对抗主义</td><td>第三百四十一条</td></tr>
<tr><td colspan="3">宅基地使用权</td><td>登记对抗主义</td><td>第三百六十五条</td></tr>
<tr><td colspan="3">地役权</td><td>登记对抗主义</td><td>第三百七十四条</td></tr>
<tr><td rowspan="9">动产物权</td><td colspan="4">所有权</td><td>交付生效主义</td><td>第二百二十四条、第二百二十六至第二百二十八条</td></tr>
<tr><td rowspan="7">担保物权</td><td colspan="3">抵押权</td><td>登记对抗主义</td><td>第四百零三条</td></tr>
<tr><td rowspan="5">质权</td><td colspan="2">动产质权</td><td>交付生效主义</td><td>第四百二十九条</td></tr>
<tr><td rowspan="4">权利质权</td><td>汇票等</td><td>交付生效主义/登记生效主义</td><td>第四百四十一条</td></tr>
<tr><td>基金份额、股权</td><td>登记生效主义</td><td>第四百四十三条</td></tr>
<tr><td>知识产权中的财产权</td><td>登记生效主义</td><td>第四百四十四条</td></tr>
<tr><td>应收账款</td><td>登记生效主义</td><td>第四百四十五条</td></tr>
<tr><td colspan="3">留置权</td><td>不可转移</td><td>无</td></tr>
<tr><td colspan="4">机动车、船舶、航空器等特殊动产物权</td><td>交付生效主义+登记对抗主义</td><td>第二百二十五条</td></tr>
</table>

6.2 多元物权变动模式下基于登记物权与非登记物权的体系重构

6.2.1 登记在物权变动中的法律功能

可见，意定法效本身仅能在当事人之间产生约束力，真正能够支持对世效力（法定法效）的是登记或交付的公示过程。虽然登记与交付同为物权变动的公示方法，但登记是由登记机构依法对物权有关内容进行记载并公示的行为，而交付仅为彰显物的实际控制的单一事实，因为交付或观念交付仅能彰显物权变动时的实际控制状态，不具有可持续性和稳定性，所以在物权变动模式中只存在登记对抗主义而不存在交付对抗主义。可见，登记才是纯粹而可持续的公示手段。

在登记过程中，登记事项及登记簿严格依照物权法定原则设置，这直接导致依登记公示的权利，将产生两方面法律效果：一是，在标示范围内的交易关系全部都有对抗第三人的效力，物权即变成就特定财物对所有人都有某种潜在规范效力的权利。二是，在此范围内，关系的主体——所有人和限制物权人——都可以单独处分，由他人取而代之，继受相关的物权、物务和其他法律上的利益与不利益。[①]因为登记代表了一种法定的公法手段介入到私法关系中，所以理论上倾向于对登记的适用予以严格的限制，以尽可能地保持民法的私法自治特征。[②]时至今日，登记已与物权本体浑然一体，其程序性、工具性特征已退居其次，程序性的过程正是本体生成的过程。登记已经成为物权体系展开的基础，离开登记制度，物权体系必将瞬间坍塌。[③]

6.2.2 登记物权与非登记物权的划分及价值

1）登记物权与非登记物权的区分

① 苏永钦．物权法定主义松动下的民事财产权体系——再探大陆民法典的可能性［J］．厦门大学法律评论，2005（8）：4．

② 梅夏英．民法上公示制度的法律意义及其后果［J］．法学家，2004（2）：118．

③ 叶金强．登记物与非登记物之区分的法律意义［J］．现代法学，2010，32（4）：58．

在现已废除的《物权法》的制度体系中，不动产物权总体上涵盖了所有具有登记能力的物权类型，而动产物权总体上等于不具有登记能力的物权，因此整个物权体系按照动产和不动产进行区分的安排大致是合理的。但《民法典》的物权体系下，不仅将抵押权的客体范围涵盖了不动产、动产及权利，而且还赋予了所有权保留、融资租赁等非典型担保合同以登记能力，使得以登记为表征的物权已经扩张至不动产物权以外。而在动产物权中，仅一般动产所有权、动产质权以占有为表征方式，动产抵押权、机动车、船舶、航空器等特殊动产的所有权及抵押权均以登记为表征方式。从意定法效与法定法效有机组成物权的角度出发，登记与交付起到了真正意义上的权利划分作用，其意义并不与传统民法简单从权利的客体划分权利类别的方法一致，而是在债权向绝对性物权的转化机制上真正划分了权利。此时虽然动产与不动产的物权格局仍然有其体系价值，但从法定法效的实现机制上，登记物权与非登记物权的区分特征更为突出。

其中，采用登记生效主义的物权以"绝对性"为本质特征，采用登记对抗主义的物权以"对抗性"为本质特征，区别主要体现在未经登记时，关于物权变动的合意与在当事人之间的法律意义不同，即当事人之间的物权变动的合意属于债权还是作为物权的意定法效，但两者具有相同的权利外观和外部效力——这才是法律对于物权关系的规范重心所在，因此应将两者归于同一类型，统称为"登记物权"，[①]包括不动产物权、动产抵押权、特殊动产物权（船舶、航空器、机动车等）、权利质权（除有权利凭证的有价证券外）、具有登记能力的非典型担保物权等。而相对应的，不具有登记能力、以占有为权利外观的物权可统称为"非登记物权"，其法定法效通过交付或观念交付予以落实，主要是以"支配性"为本质属性的物权，包括动产所有权、动产质权、部分权利质权（有权利凭证的有价证券）等。

如前述，无论是所有权还是他物权，其法定法效均体现为一种单向的、法定的、高度统一的权利义务关系，其实质是法律对于财产关系外

---

① 值得注意的是，登记物权是指法律规定其具有登记能力的物权类型，而不以事实上经过登记过程为必要。

部效力的强制干预，从而代表了物权人对于任意第三人的权利主张，不允许当事人的意思加以改变。其中，法律以登记或交付的公示制度控制法定法律效果。在公示对抗主义下，未经公示的物权变动即使在当事人间产生了法律约束力，但由于并未产生法定法效，对法律关系外部的善意第三人而言，却仍旧相当于不存在。换言之，当事人欲使其享有的物权产生法定法效，即物权人的权利欲对任意第三人有约束力，就必须进入公示领域。

2）登记物权与非登记物权的区分价值

登记物权的实质就是以登记控制法定法效的物权，非登记物权的实质就是以交付控制法定法效的物权。依法律行为的物权变动，就是物权的意定法效通过公示向外界传达其权利信息，成为物权人对任意第三人的权利主张的过程。但登记与交付作为公示方法的传达机制存在本质差异：

首先，登记是通过法定的登记簿来记载并宣示物权的内容和效力，该传达机制是明确、具体、稳定、持久的。物权经登记后，登记簿及登记系统足以一直支撑物权的法定法效，经登记的物权人得以最大限度地自由处置标的物。从这个意义上而言，登记才是稳定持续的公示方法，登记物权是更具有公示保障的物权。

其次，交付或观念交付为占有的现实转移或观念转移，一方面只能宣示物权的归属而无法准确表达意定法效的具体内容，另一方面仅在物权变动的时点具有公示意义而不能，也不可能长期、持续传达物权的内容和效力。故对非登记物权而言，因其以“支配性”为本质属性，一旦物权人将标的物的占有转移于他人，其享有的物权将一直处于可能受到善意取得的买受人的切断或剥夺的风险之中。

登记物权与非登记物权的区分意义在于，在网络信息技术的强力支撑下，登记系统的公示质量和公示效率得到不断提升，以登记为表征的登记物权已经与以占有为表征的非登记物权将在权利运行机制上产生深刻差异，直接导致整个民法物权世界划分为“严格公示的世界”与“相对自治的世界”，分别适用完全不同的权利运行规则。登记物权以交易安全为首要目标，有关权利的内容、效力通过登记准确表达，实现权利的社会预期非常稳定，交易主体势必形成查询登记簿的固有习惯，此时善意取得制度的适用空间相对狭窄；非登记物权更强调自治与效率的物权——有关权利的内容、效力通过占有的事实状态表达，物权变动的效果缺乏持续的权利外观支撑，但交易相对人在善意取得制度的保护下亦无须过多调查权利的真实状态，导致在依法律行为的非登记物权变动中，交易效率与交易安全的价值目标处于一种动态的相对平衡之中。

6.2.3 以物权变动为目的的债权与物权意定法效的同质性

在依法律行为的物权变动中，物权的意定法效与以物权变动为目的的债权具有密切联系：首先，在登记生效主义下，意定法效基本上等同于当事人间以物权变动为目的的债权合意，但是两者仍旧存在区别：因为登记生效主义物权变动模式与严格的物权法定原则具有内在一致性，即登记簿的格式必须严格依法设置，在以物权变动为目的的债权合意中只有符合登记簿格式的内容才能被记载和公示。换言之，在登记生效主义下，以物权变动为目的的物债关系的运行机制是债权的意思要素经过登记强制筛选以后，才能作为物权的意定法效被记载和公示，并以此获得绝对效力，当事人间未被公示的其他约定仍只具有债权的相对效力。其次，在登记对抗主义下，当事人间关于物权变动的合意直接产生物权的意定法效，但因为未经公示不能对抗善意第三人。在登记生效主义下，当事人之间关于设立或转让物权的债权合意，与登记对抗主义下的未经登记的物权意定法效，虽然一个产生债权效果，一个产生物权生效的法律效果，但本质究竟有何不同，值得思考——本书认为，两者在本质上没有任何不同。

6.3 多元物权变动模式下登记物权范围之实质扩张

6.3.1 可登记债权的现实性——从债权的不可侵性说起

无论何种物权变动模式，债权一直是纯粹的相对权，债权人仅对其债务人享有给付请求权。然而，因第三人侵害债权而产生的侵权责任问题，似乎又为仅具有相对效力的债权增添了些许对世性的效力因素——如当债务人因可归责的事由导致债务不履行时，应对债权人负损害赔偿责任，若该债务不履行系因第三人的过错，则该债权人能否向该第三人请求赔偿？其实质是债权的不可侵性问题，与此相关的是我国《民法典》第一千一百六十四条“本编调整因侵害民事权益产生的民事关系”，以及第一千一百六十五条“行为人因过错侵害他人民事权益造成损害的，应当承担侵权责任”的有关规定。其中，《民法典》第一千一百六十四条改变了原《侵权责任法》第二条第二款规定列举具体的侵权责任保护范围的做法，采用概括的方法规定所有的“民事权益”都属于侵权责任的保护范围。这种“管道式规范”相当于将侵权责任保护范围直接引入到《民法典》总则编第五章“民事权利”的范围内，换言之，第五章所列举的人格权、身份权、物权、债权、知识产权、继承权、股权和其他投资性权利，以及第一百二十六条规定的“民事主体享有法律规定的其他民事权利和利益”，都在侵权责任的保护范围之内。[①]按此逻辑，债权当然在侵权责任法的保护范围之内。但事实上债权是否可以作为侵权责任编的保护客体，在解释论上还存在较大的争议。有观点认为，因为在原《侵权责任法》中没有规定债权的侵权责任，所以不能在债权之上成立侵权责任，但如果行为足够恶劣且第三人有过错，则可以适用侵权责任编第一千一百六十五条规定；[②]还有观点虽然认可第三人侵害债权应承担侵权责任，但如何保护以及保护的程度则存在争议。[③]

对债权的侵权问题，我国台湾地区有类似规定，如规定“因故意或过失，不法侵害他人之权利者，负损害赔偿责任”，其后增加了“故意以背于善良风俗之方法，加损害于他人者亦同”。王泽鉴先生认为，因债权不具有社会典型公开性，以及维持正常的经济活动及竞争秩序需要，故我国台湾地区所谓民法第一百八十四条第一款所称“权利”，不应包括债权，但第一百八十四条第二款“故意以背于善良风俗之方法”

① 杨立新. 民法典对侵权责任保护范围的准确界定——对《民法典》第1164条含义理解的进一步厘清［J］. 兰州大学学报（社会科学版），2021，49（1）.

② 黄薇. 中华人民共和国民法典侵权责任编释义［M］. 北京：法律出版社，2020：3.

③ 最高人民法院民法典贯彻实施工作领导小组. 中华人民共和国民法典侵权责任编理解与适用［M］. 北京：人民法院出版社，2020：17.

侵害他人债权的，则可以作为侵害他人债权损害赔偿的请求权基础。[①]本书赞同王泽鉴先生对于债权的不可侵性的保守态度。事实上，由于债权的相对性，第三人对于债权的利益与内容很难知晓，因此除故意侵犯以外，以过失侵害债权的行为要求第三人承担侵权责任的情形应慎之又慎。

本书认为，第三人构成债权侵权责任的关键在于侵权请求权的正当性支持是否充分，即以该债权内容应以第三人所知晓为前提，即侵权人具有主观上的故意。在传统物债区分论中，债权作为相对权不可能具有登记能力，因此对于第三人是否知晓债权内容的判断应以个案的具体事实分别予以判定，即根据“谁主张谁举证”原则，由债权人提供侵权人知道或应当知道其债权内容的证据——这是债权的权利保护机制。但应该看到，多种物权变动模式并存的立法现状已打破了物权与债权的效力区分界限，法律已经承认登记对抗主义下的关于物权变动的合意即使未经登记，亦对知情的第三人具有对抗效力。

随着经济需求的多元化，有关物权与债权的财产权制度已经显现出功能主义的立法倾向，即法律或当事人认为某项债权具有以绝对效力保护的必要时，该类债权亦可能被法律赋予登记能力，此时侵害已登记债权的第三人，应视为其已经知晓（或应当知晓）登记簿上记载的债权内容，存在主观上的故意，适用侵权责任编有关规定承担有关损害赔偿责任。法定的登记债权已经在《民法典》中事实存在：如《民法典》第二百二十一条规定的预告登记，当事人可以为保障债权的实现，将签订的房屋买卖协议或其他不动产物权协议申请预告登记；又如土地经营权的出租流转关系亦被法律赋予不动产登记能力，使得承租人获得具有对世效力的租赁权。

6.3.2 可登记债权之可行性——物权法定主义的缓和

以预告登记为例，即使在登记生效主义的物权变动模式中，债权作为重要的财产权利，在特定的经济需求和法价值判断之下，亦可以被法

① 王泽鉴．民法学说与判例研究（重排合订本）[M]．北京：北京大学出版社，2015：541-542.

律赋予登记能力，经登记后获得对世效力。可见，物权法定原则的规范重心其实不在于物权的种类和内容，而在于具有对抗第三人效力的权利必须限于法律规定，故可登记债权实际上是对物权法定原则的进一步突破。[①]

一般而言，所有权因其权利内容的全面性，登记簿仅记载其标的物的自然状况，以及所有权的归属即可；而他物权通过登记向外界传达的权利信息就是其意定法效，且该意定法效中的意思要素全部来自于债权合意。但在债权合意中只有符合登记簿格式的内容才能被记载和公示。换言之，以物权变动为目的的物债关系的运行机制是债权的要素经过法定登记簿强制筛选以后，才能作为意定法效被记载于登记簿之上，并以此获得绝对效力，当事人间未被公示的其他约定仍只具有债权的相对效力。

然而，随着交易需求的多样化发展，特别是信用经济下的担保制度的飞速扩张，使得物债关系的运行机制已经显得过于僵化，从而难以满足现实交易的需要，需要进一步缓和物权法定原则的刚性适用，放开法律对于登记公示的内容的限制，除法定的登记债权以外，应允许当事人对登记公示的内容享有一定的选择权，除登记要求的固定内容以外，可以自主决定将债权合同中的更多内容予以公示，使其经登记后获得对抗任意第三人的效力。可登记债权在登记之前属于债权的范畴，而在登记以后应被纳入物权的意定法效，从而成为物权的有机组成部分，只不过可能基于法定，亦可能基于当事人的自主选择。因此，可登记债权的存在，并未从根本上改变物债区分的基本格局，而是在物权法定原则的缓和下，赋予当事人依其意思充实其物权对世效力来源的选择权。

但亦应认识到，登记物权的范围并不能无限制地扩张：首先，登记机构和登记系统的建设与维护，需要投入巨大的人力、物力，这一切需要相应的政府财政预算与支付能力与之匹配。其次，在过度宽泛的登记范围下，随着交易的不断加深，各个交易主体都按照其利益增加了登记记载的内容，使得原本简单的交易关系如雪球一般越滚越大，必然导致

① 在登记对抗主义下，实际上不存在可登记债权的可能性，因为当事人的合意即产生物权生效的效果，债权的概念在这个语境下并不存在。

登记内容过于复杂、烦琐，潜在的交易主体为避免交易风险，需要查阅并了解庞大的登记信息，并对其上记载的权利条款或限制予以遵守，这将极大地提升交易难度。最后，登记范围的扩大将带来交易观念与交易成本上的重大调整。对于以不动产、财产权利为客体的物权，其权利表征方式仅登记一种，交易主体只需查阅、信任登记内容即可；而在惯于“占有推定”的动产物权领域，则同时出现了占有和登记两种表征方式，在特定动产之上可能并存若干登记物权与非登记物权，这固然促进了动产价值的多元化利用，但无疑进一步挤压了占有的公示功能，同时也在一定程度上增加了交易主体的信赖成本，在物权制度的不断自我更新中应逐渐统一为一种表征方式。事实上，在同一特殊动产之上，占有与登记这两种权利外观在现实中如何碰撞，交易主体如何在效率与成本、自由与安全之间抉择，还需要时间的进一步检验。

6.3.3 可登记债权之操作性——界定可登记债权的实质标准

作为物权体系接受新兴权利的实质标准，并非所有债权均可被纳入登记范围，具体而言，可登记的债权至少应具备以下条件：

第一，可登记债权应以物权变动为目的。债权纳入登记范围应具有既有登记制度的现实基础，而非天马行空，另起炉灶。目前，不动产物权有不动产登记信息基础管理平台作为其公示系统，而动产及权利担保则有动产融资统一登记公示系统予以支撑，这些统一的登记平台均可以作为可登记债权的技术支持。但前提是可登记债权须与设有登记簿的物权类型存在必要的法律关联，才可以被记载于采物之编成的登记簿内。这意味着纳入登记系统的债权首先应以物权变动为目的，且为登记簿中所记载的物权事项之外的约定事项，如在当事人间关于物权变动的合意中，决定或影响其物权的权能、改变其物权的通常特性，或涉及多数物权人之间行使或实现权利的约定等。[①]

---

① 常鹏翱．论可登记财产权的多元化［J］．现代法学，2016，38（6）：52.

第二，有法律的明确规定作为合法性依据。如前所述，债权经登记之后即获得对世效力，这种效力的改变对第三人利益影响较大，需要以法律的明确规定为前提。笔者认为，为确保可登记债权对世效力的普适性，具有地域性的地方性法规不宜作为可登记债权的法律依据。此外，为防止登记财产的范围过度扩张，行政法规、政府规章等法律规范能否作为可登记债权的法律依据亦须谨慎，否则可能造成可登记财产门槛过低、登记信息过于庞杂，不仅导致登记机构的工作量剧增，更会抑制经济社会整体的交易自由和交易效率。

第三，要确实存在登记之实益。例如，所有权保留、融资租赁等非典型担保合同被法律赋予登记能力的背后，实有改善营商环境、解决中小企业融资困难等现实需求的强力驱动。故可登记债权所实现的现实需求，应基于公共利益且对经济发展具有积极影响，不能仅为少数人的私益或便利而赋予某项债权以登记能力。

6.4 本章小结

物债关系的实质是反映了物权与债权的范畴。范畴是人的思维对于客观事物普遍本质的概括和反映，[①]范畴及其体系是人类在一定历史阶段理论思维发展水平的指示器，也是确定一门科学成熟程度的标志。从历史上看，关于范畴的理论研究就是提出、分析、论证和积累概念的过程。不同物权变动模式下的物权变动的生效呈现差异化的决定性特征，物债关系亦随着物权变动模式的变化而发生转变。需要在不同物权变动模式下探寻事物权本质的内在一致性，并重新界定物债关系的实质形态。

其一，物权客体范围的实质边界为特定性而非有体性。如果从客体的角度来理解物权，并与债权、知识产权相比较，发现真正区隔的不是物，而是特定性，[②]物权的客体范围已经跨越了动产与不动产，扩大至

① 中国社会科学院语言研究所词典编辑室．现代汉语词典［M］．7版．北京：商务印书馆，2016：365.

② 苏永钦．可登记财产利益的交易自由——从两岸民事法制的观点看物权法定原则松绑的界线［J］．南京大学法律评论，2010（2）：17.

权利等可转让财产权益。其二，无论是以“绝对性”、“支配性”，还是“对抗性”为本质属性，物权的实质均体现为意定法效与法定法效的复合。其中，法定法效以公示的完成为前提，是法定的物上排他关系。意定法效在所有权中体现为所有权人支配其所有物的自由意志，而在他物权中则体现为所有权人与他物权人间关于他物权变动的合意。物权变动模式的实质就是某物权类型下的法定法效与意定法效的有机联系。

在意定法效与法定法效的有机联系中，登记与交付发挥了真正的权利划分作用。以“绝对性”“对抗性”为本质属性的物权，均以登记决定法定法效，统一归为登记物权；以“支配性”为本质属性的物权，则以交付决定法定法效的，为非登记物权。

依法律行为的物权变动，其本质就是物权的意定法效通过公示向外界传达其权利信息，成为物权人对任意第三人的权利主张的过程。但登记与交付作为公示方法的传达机制存在本质差异：登记是通过法定的登记簿来记载并宣示物权的意定法效，该传达机制是明确、具体、稳定、持久的，物权经登记后，登记簿及登记系统足以一直支撑物权的法定法效，因此登记物权是更具有公示保障的物权，已经登记的物权人得以最大限度地自由处置标的物。而交付或观念交付仅为占有的现实转移或观念转移，一方面只能宣示物权的归属而无法准确表达意定法效的具体内容，另一方面仅在物权变动的时点具有公示意义而不能、也不可能长期持续传达物权的意定法效。因此对非登记物权而言，一旦物权人将标的物的占有转移于他人，其享有的物权将一直处于可能受到善意取得的买受人的切断或剥夺的风险之中。

随着交易需求的多样化发展，特别是信用经济下的担保制度的飞速扩张，使得物债关系的运行机制已经显得过于僵化，从而难以满足现实交易的需求，需要进一步缓和物权法定原则的刚性，放开法律对于登记公示的内容的限制，允许当事人对登记公示的内容享有一定的选择权，除登记簿所要求的固定内容以外，可以自主决定将债权合同中的更多内容予以公示，令其通过登记获得对抗任意第三人的效力。

为防止当事人滥用登记，当然并非所有的债权均可以纳入登记范围，首先，该债权应与登记物权具有法律联系，即以已设有登记簿的特定物为标的且以物权变动为目的的债权才可以纳入登记范围。其次，可登记债权应有法律的明确规定作为合法性依据。地方性法规不宜作为可登记债权的法律依据，行政法规、政府规章等法律规范能否作为可登记债权的法律依据亦须谨慎。最后，可登记债权要确实存在登记之实益，应以不损害公共利益且对经济发展具有积极影响为前提。可登记债权在登记之前属于债权，而在登记以后应转化为物权的有机组成部分，因此物债区分的基本格局并未因可登记债权的加入而产生实质性改变。

7 结 论

在以《德国民法典》为代表的形式主义立法中，物债关系实为财产权体系的逻辑主线，本书以物债区分的历史形态为全篇之开端，向前追溯至古罗马法上对物之诉与对人之诉的区分，向后直至物债区分论在《德国民法典》中的正式确立。通过历史分析，可以发现债权的范畴一直体现为仅具相对效力的请求权，而物权的范畴却在不同的历史条件下被赋予不同的本质与内涵。这是因为，古罗马时期至封建社会时期，农业社会的经济要求决定了财产权制度的重心绝对偏向于物权，物权的内涵和外延亦基于经济发展的需要被不断的丰富和发展。

近代法意义上的物债区分论具有其时代的思想起源和经济基础。物权区分论依托于萨维尼的主观权利理论，在权利以意思支配领域为本质的前提下，债权才得以脱离物权的范畴而获得独立的地位。资本主义的个人支配和契约的分化从根本上决定了物债关系的存在形态，物权与债权分别以“所有权自由”和“契约自由”为原则在静态的所有制关系和动态的流转关系中各自运转。物债的区分形态将大多数交易关系区分为“纯粹的人与物的关系”以及“纯粹的人与人的关系”，进而保证每个经济主体的存在和意志不受他人支配，主体之间地位平等、意思自由。

由于物权的最终目的是实现“所有权自由”，其必然体现为一种绝对的物上排他关系，而债权的最终目的则为实现“契约自由”，则其仅能在当事人的相对范围内实现意思自由，因此在规范层面物权与债权以效力作为区分界限是历史的必然选择。《德国民法典》作为潘德克顿法学的丰碑，对于近代法意义上的物债区分论的落实是十分到位甚至是彻底的，物权与债权的效力区分原则不仅体现于具体权利类型和内容上，而且体现于物权与债权的保护机制之中；不仅显现于物权编与债权编分立的结构安排，而且显现于物权行为与债权行为的区分效果。此外，在《德国民法典》确立的“物权形式主义+公示生效主义”物权变动模式下，作为相对权的债权与作为绝对权的物权在效力上实现了绝对区隔。可见，无论是静态的财产权秩序还是动态的物权变动模式，《德国民法典》均与物债以效力区分的内在逻辑达成了内在统一。

我国《民法典》总则编所确立的财产权体系基本继承了《德国民法典》的物债区分思想，从而确立了绝对性物权与相对性债权的总体定位。

首先，《民法典》对物权与债权的进行了明确界定，将物权与债权的区别体现在客体、内容、效力三个方面。但物权与债权在客体、内容上的区别具有一定封闭性，而外部效力的差异才在整个《民法典》的框架下具有显现的体系性价值，因此物权与债权区分的实质界限，应为效力上的绝对性与相对性的区分。

其次，物权编与债权编在总体上亦是以绝对权与相对权的效力区分作为实质界限——在“物权编”，规定物权类型、内容、效力的法律规范以强制性规范为主，无论作为交易主体还是立法主体，任何违反物权法定原则的创设行为均将失去法律的绝对保护；而在“合同编”及“侵权责任编”，法律规范以任意性规范为主，强制性规范较少，由于债权的相对性对于第三人影响甚微，只要不违反法律强制性规定或公序良俗，当事人即可以任意约定和安排其权利义务关系。

最后，物权权利体系内部，《民法典》分别以物权法定原则和公示制度，落实了绝对性物权与相对性债权的总体定位。一方面，法律对物权事先作了强制类型化的设定，并要求物权当事人必须遵守这种强制安排，不得以约定改变，超出法律设定范围的约定不能获得法律的绝对保护，不能产生对世效力。物权法律规范的这种“强制安排性”构成了物权法定原则的逻辑起点，反过来物权法定原则的贯彻和实施，又确认和维护了物权的“绝对性”的本质特征。另一方面，法定的公示过程是物权变动产生对世效力的权利外观基础，不动产物权以登记为生效要件，动产物权以交付为生效要件，虽然此时物权仍旧以客体的有体性、内容的支配性为其权利特征，但当法律确认物权变动生效时，主要以登记或交付完成，即绝对效力的获得为决定性标准（事实上在登记或交付的过程中，物权的客体与内容亦得到了落实），等于从债权向物权的转化机制上确认了物权的绝对权本质。

随着经济社会的飞速发展，新型交易关系不断产生，以外部效力为区分标志的物债关系逐渐受到诸多挑战，最突出的表现为物权债权化和债权物权化等融合现象。通过观察可以发现，物债的融合主要发生在外部效力上，即在现实中物权的债权化其实就是具有相对效力的物权，而债权的物权化则体现为具有绝对效力的债权。

矛盾的根源，在于《民法典》在“债权形式主义+公示生效主义”的一般原则以外，例外地承认了“意思主义+登记对抗主义”“交付生效主义+登记对抗主义”等多种物权变动模式，使不同模式下的物权变动的生效呈现出不同的决定性特征：首先在“债权形式主义+登记生效主义”模式下，不动产所有权、抵押权、建设用地使用权、居住权等以绝对效力的取得为决定性特征，物权以“绝对性”为本质属性；其次在“债权形式主义+交付/观念交付生效主义”下，动产物权变动的生效仅以出让人、受让人之间实现自主支配状态的转换足矣，物权以“支配性”为本质属性；最后，在“意思主义+登记对抗主义”模式下，当事人只要就物权变动达成合意，即可引起土地承包权、土地经营权、宅基地使用权、地役权等不动产用益物权，以及动产抵押权等物权变动的生效，但要经登记后才能对抗任意第三人，此类物权的生效标志为当事人间物权变动的合意，物权以“对抗性”为本质属性。以上三种本质属性的物权反映了不同物权变动模式下的物权变动的具体形态，仅“绝对性”的物权、“支配性”的物权处于绝对效力的圆满状态，当“对抗性”的物权未经登记时，其仅能对抗相对人以及知情的第三人。

不同物权变动模式下的物权变动的生效具有不同的决定性标志，亦决定了物债关系的实质形态：首先，在“债权形式主义+登记生效主义”物权变动模式下，物债关系的实质仍体现为绝对权与相对权的区分，两者的区分界限保持于权利的外部效力之上。其次，在“意思主义+登记对抗主义”模式下，因为物权的生效采用意思主义，物权的生效提前至公示以前，未经公示的物权处于相对效力状态，其与债权的区分界限则改为客体的差异——登记对抗主义模式下的以物权变动为目的的债权均被归为物权，债权的范围相应限缩，其客体主要包括不涉及物的、纯粹的给付行为，以及以不特定物为对象的给付行为。最后，在“债权形式主义+交付/观念交付生效主义”下，“支配性”的物权与债权的区分实质首先体现为支配权与请求权的区分，其次才是绝对权与相对权的区分。可见，由于我国的物权变动模式同时承认了意思主义和形式主义，又在公示的效力控制模式上兼顾采用登记生效主义、登记对抗主义与交付生效主义等多种形式，导致物债区分论不再体现为一种单一而稳定的理论形式，物债关系的逻辑主线亦并非恒定不变的，而是在不同的物权变动模式下呈现不同的区分形式。

如果根据不同的物权变动模式重新定位物债关系，会发现其并不恒定地体现为绝对权与相对权的区分，很多关于债权性、物权性的讨论，实际上只是绝对权和相对权的划分问题，并不需要置于物债区分的角度予以检验，甚至不足以作为理论争议而予以探讨。这种概念与实质的偏差源于潘德克顿学派关于物权的认识，特别是在物权概念及物债区分说上混用了概念思维和类型思维这两种立法技巧，导致同时承认登记生效主义、登记对抗主义、交付（观念交付）生效主义的物权变动制度所反映的物权本质，是包含了一系列不同实质的物权关系，单一的物权定义自然无法全部涵盖。

在《民法典》语境下，导致传统的物债关系发生变化的原因，除了《民法典》多种物权变动模式并存的规范因素以外，还有我们所处时代的历史因素——我国正由工业社会向信息社会的转型，网络信息技术的飞速发展直接导致登记公示系统得到不断完善和强化，而占有及交付权利外观基础则日益薄弱，这种公示制度上的“此消彼长”，已经对既有的财产权秩序产生了根本性影响。

首先，交付/观念交付生效主义下，在以直接或间接占有为表征的物权变动中，无权处分的发生概率远高于以登记为表征的物权。法律为保护交易安全，在动产善意取得的法定要件成立时切断真实权利人的物权追及效力，并对物权的归属予以重新确认——使得无权处分交易中的债权亦得经交付或观念交付而转化为物权，这亦是反映交付/观念交付生效主义下的物债关系的特殊方面。

其次，占有及交付的权利推定力的退化，亦直接导致了法律对船舶、机动车、航空器等特殊动产物权采用混合主义物权变动模式，即在交付生效主义之上叠加登记对抗主义，使得特殊动产物权的生效以交付或观念交付的完成为决定性标志，但须经登记后方能对抗善意第三人。可见在“交付生效主义+登记对抗主义”模式下，以物权变动为目的的债权先通过交付或观念交付生效为“支配性”的物权，但该物权未经登记不得对抗善意第三人。这一抽象过程构成了特殊动产所有权多重处分、特殊动产善意取得的内在逻辑，即仅经交付或观念交付但未登记的特殊动产物权业已生效，只是不能完全排除善意取得的适用空间。而对仅经登记而未受领交付或观念交付的受让人而言，在出让人未将标的物先行交付或观念交付给其他受让人的前提下，应视为登记行为已经吸收了观念交付的形式价值，从而取得了绝对效力的物权，此时该物权得以对抗任意第三人。

与占有和交付形成鲜明对比的，是在新时代背景下登记公示制度的强化和提升。得益于统一登记信息管理基础平台的建立，交易主体可以方便快捷地查询、获取有关权利信息，导致登记公示的效力和效率得到进一步加强。以信息技术为支撑的登记制度对整个物权体系的改造作用正在持续加深。最突出的转变，是《民法典》以及有关单行法将越来越多的动产物权、可转让性财产权益纳入登记范围，并统一确立了登记对抗主义变动规则，从根本上打破了物权与债权以绝对权与相对权的区分实质，因为在登记对抗主义下物权的意定法效实质上就是在登记生效主义下以物权变动为目的的债权。两种物权变动模式的并存，直接导致物债区分的总体格局和运行机制发生了实质性的转变。

在登记对抗主义模式下，当事人只要就物权变动达成合意即可引起物权生效，该物权以“对抗性”为本质属性。基于意思主义的登记对抗主义，并不存在以物权变动为目的的债权，其已经与物权的意定法效发生混同，这突破了物权法定原则下的债权向物权转化的固定机制。例如，采用登记对抗主义的动产抵押权，其运行机制可以抽象为有关动产担保的合意以“对抗性”为本质特征的物权生效，经过登记后再获得对世效力的过程。对非典型担保合同而言，这意味着设立担保物权的合意（担保合同）已经突破了物权法定主义的类型化限制，可以由当事人任意约定——只要具有担保功能即可生效。虽然该物权未经登记不得对抗善意第三人，但足以支持担保物权人获得较一般债权人优先受偿的地位，这种富于弹性和选择空间的制度设计，对改善营商环境、提高担保效率具有重要促进作用。

“对抗性”的物权对债权的包容不仅限于以物权变动为目的的债权，而且包括其他内容的债权，如在《民法典》中将土地经营权的债权式流转与物权式流转一并处理，并将其流转的权利统称为“土地经营权”，导致该语境下“土地经营权”成为同时包含用益物权、租赁权两种权利类型的集合性概念，其实质是赋予土地经营权的租赁权（期限五年以上）以登记能力，为承租人提供物权化保护及融资担保的立法目的。

综上可知，不同物权变动模式下的物权变动的生效呈现不同的决定性特征，登记对抗主义下的“对抗性”的物权只有经登记后才具有绝对效力；而经交付、观念交付生效的“支配性”的物权虽本身具有绝对效力，但其效力可能会受到动产善意取得制度的否定和切断。相对于传统物债区分论下物权的单一范畴，在我国《民法典》多元物权变动模式决定的物债关系下，物权范畴由以上三种物权本质共同构成，但其仍存在某种内在一致性，足以抽象为一个更高位阶的、与现有规范相适应的物权范畴，作为物权体系接受新兴权利的实质标准。

其一，物权客体范围的实质边界为特定性而非有体性。如果从客体的角度来理解物权，并和债权、知识产权相比较，发现真正区隔的不是物，而是特定性。[①]物权的客体范围已经跨越了动产与不动产，扩大至权利等可转让财产权益。其二，无论物权是以“绝对性”“支配性”，还是“对抗性”为本质属性，其实质均可抽绎为意定法效与法定法效的复合。其中，法定法效以公示的完成为前提，是法定的物上排他关系。意定法效在所有权中体现为所有权人支配其所有物的自由意志，而在他物权中则体现为所有权人与他物权人间关于他物权变动的合意。物权变动模式的实质就是某物权类型下的法定法效与意定法效的有机联系。

作为法定法效的控制手段，登记与交付具有重新划分的作用。以“绝对性”“对抗性”为本质属性的物权，均以登记决定法定法效，统一归为登记物权；以“支配性”为本质属性的物权，则以交付决定法定法效的，为非登记物权。其中，就登记物权而言，“绝对性”的物权与“对抗性”的物权在法定法效上是完全一致的，两者的区别仅在于法律确认其意思要素的性质不同，“绝对性”的物权的意定法效未经登记以前，被法律归为债权的范畴，而“对抗性”的物权的意定法效在生效时，即引起物权生效的效果。两者的不同仅由形式主义和意思主义物权变动模式的区别所致，从客观的角度两者并没有任何本质不同。对于登记物权而言，通过登记簿的强制格式化严格限制法定法效的固定机制已经过于僵化，难以满足现实交易的多样化和精细化需求——登记物权的范畴应在物权法定原则的缓和之下适度扩张，即在法定的登记内容以外，当事人应可以自主选择与法定登记内容相关的信息予以登记并获得对世性保护。

为防止当事人滥用登记，确定可登记债权范围的实质标准：首先，该债权应与登记物权具有法律联系，即以已设有登记簿的特定物为标的且以物权变动为目的的债权才可以纳入登记范围。其次，可登记债权应有法律的明确规定作为合法性依据。地方性法规不宜作为可登记债权的法律依据，行政法规、政府规章等法律规范能否作为可登

---

① 苏永钦．可登记财产利益的交易自由——从两岸民事法制的观点看物权法定原则松绑的界线［J］．南京大学法律评论，2010（2）：17.

记债权的法律依据亦须谨慎。最后，可登记债权要确实存在登记之实益，应以不损害公共利益且对经济发展具有积极影响为前提。可登记债权在登记之前属于债权，而在登记以后应转化为物权的有机组成部分，因此物债区分的基本格局并未因可登记债权的加入而产生实质性改变。

主要参考文献

［1］ 陈卫佐．德国民法典［M］．4版．北京：法律出版社，2015.

［2］ 陈卫佐．德国民法总论［M］．北京：法律出版社，2007.

［3］ 崔建远．中国民法典释评：物权编［M］．北京：中国人民大学出版社，2020.

［4］ 杜景林，卢谌．德国民法典：全条文注释［M］．北京：中国政法大学出版社，2014.

［5］ 黄薇．中华人民共和国民法典释义［M］．北京：法律出版社，2020.

［6］ 江平．民法学［M］．北京：中国政法大学出版社，1999.

［7］ 江平．西方国家民商法概要［M］．北京：法律出版社，1984.

［8］ 梁慧星．民法解释学［M］．4版．北京：法律出版社，2015.

［9］ 梁慧星．民法总论［M］．北京：法律出版社，1996.

［10］ 龙卫球．民法总论［M］．北京：中国法制出版社，2002.

［11］ 梅仲协．民法要义［M］．北京：中国政法大学出版社，1998.

［12］ 全国人大常委会法制工作委员会民法室．中华人民共和国物权法：条文说明、立法理由及相关规定［M］．2版．北京：北京大学出版社，2017.

［13］ 冉克平．物权法总论［M］．北京：法律出版社，2015.

［14］ 史尚宽．民法总论［M］．北京：中国政法大学出版社，2000.

［15］ 史尚宽．物权法论［M］．北京：中国政法大学出版社，2000.

［16］ 孙宪忠．民法总论［M］．北京：社会科学文献出版社，2010.

［17］ 孙宪忠．中国物权法总论［M］．北京：法律出版社，2014.

［18］ 孙宪忠，朱广新．民法典评注：物权编［M］．北京：中国法制出版社，2020．
［19］ 王建平．民法法典化研究［M］．北京：人民法院出版社，2006．
［20］ 王利明．物权法研究［M］．北京：中国人民大学出版社，2016．
［21］ 王轶．民法原理与民法学方法［M］．北京：法律出版社，2009．
［22］ 王轶．物权变动论［M］．北京：中国人民大学出版社，2001．
［23］ 王茵．不动产物权变动和交易安全：日德法三国物权变动模式的比较研究［M］．北京：商务印书馆，2004．
［24］ 王泽鉴．民法物权［M］．2版．北京：北京大学出版社，2010．
［25］ 王泽鉴．民法学说与判例研究（重排合订本）［M］．北京：北京大学出版社，2015．
［26］ 谢在全．民法物权论［M］．北京：中国政法大学出版社，2011．
［27］ 杨仁寿．法学方法论［M］．2版．北京：中国政法大学出版社，2013．
［28］ 叶金强．公信力的法律构造［M］．北京：北京大学出版社，2004．
［29］ 尹田．法国物权法［M］．2版．北京：法律出版社，2009．
［30］ 翟云岭．物权法与债权法的制度协调与规则契合［M］．北京：法律出版社，2016．
［31］ 翟云岭．合同法总论［M］．北京：中国人民公安大学出版社，2003．
［32］ 张民安．法国民法［M］．北京：清华大学出版社，2015．
［33］ 朱庆育．民法总论［M］．2版．北京：北京大学出版社，2016．
［34］ 鲍尔，施蒂尔纳．德国物权法［M］．张双根，译．北京：法律出版社，2004．
［35］ 布洛克斯，瓦尔克．德国民法总论［M］．张艳，译．北京：中国人民大学出版社，2014．
［36］ 梅迪库斯．德国民法总论［M］．邵建东，译．北京：法律出版社，2013．
［37］ 梅迪库斯．请求权基础［M］．陈卫佐，等译．北京：法律出版社，2012．
［38］ 罗歇尔德斯．德国债法总论［M］．7版．沈小军，张金海，译．北京：中国人民大学出版社，2014．
［39］ 黑格尔．法哲学原理［M］．范扬，张企泰，译．北京：商务印书馆，2016．
［40］ 拉伦茨．德国民法通论［M］．王晓晔，邵建东，程建英，等，译．北京：法律出版社，2013．
［41］ 康德．法的形而上学原理：权利的科学［M］．沈叔平，译．北京：商务印书馆，1991．

[42] 孟文理. 罗马法史［M］. 迟颖，周梅，译. 北京：商务印书馆，2016.
[43] 弗卢梅. 法律行为论［M］. 迟颖，译. 北京：法律出版社，2013.
[44] 韦斯特曼. 德国民法基本概念［M］. 16版. 张定军，葛平亮，唐晓琳，译. 北京：中国人民大学出版社，2014.
[45] 我妻荣. 新订民法总则［M］. 于敏，译. 北京：中国法制出版社，2008.
[46] 我妻荣. 债权在近代法中的优越地位［M］. 王书江，译. 北京：中国大百科全书出版社，1999.
[47] 松冈正义，何勤华，熊元楷，等. 民法总则［M］. 上海：上海人民出版社，2013.
[48] 梅因. 古代法［M］. 沈景一，译. 北京：商务印书馆，1997.
[49] 蔡立东. 转让合同效力与善意取得构成的立法选择——基于立法技术的考量［J］. 吉林大学社会科学学报，2006（2）.
[50] 蔡立东，姜楠. 承包权与经营权分置的法构造［J］. 法学研究，2015，37（3）.
[51] 常鹏翱. 论可登记财产权的多元化［J］. 现代法学，2016，38（6）.
[52] 常鹏翱. 体系化视角中的物权法定［J］. 法学研究，2006（5）.
[53] 陈华彬. 论我国民法典《物权编（草案）》的构造、创新与完善［J］. 比较法研究，2018（2）.
[54] 程啸. 论动产多重买卖中标的物所有权归属的确定标准——评最高法院买卖合同司法解释第9、10条［J］. 清华法学，2012，6（6）.
[55] 崔建远. 再论动产物权变动的生效要件［J］. 法学家，2010（5）.
[56] 崔建远. 民法分则物权编立法研究［J］. 社会科学文摘，2017（7）.
[57] 戴永盛. 论特殊动产的物权变动与对抗（上）——兼析《最高人民法院关于审理买卖合同纠纷案件适用法律问题的解释》第十条［J］. 东方法学，2014（5）.
[58] 高圣平. 物权法定主义及其当代命运［J］. 社会科学研究，2008（3）.
[59] 高圣平. 承包地三权分置的法律表达［J］. 中国法学，2018（4）.
[60] 高圣平. 动产担保交易的功能主义与形式主义——中国《民法典》的处理模式及其影响［J］. 国外社会科学，2020（4）.
[61] 郭志京. 也论中国物权法上的登记对抗主义［J］. 比较法研究，2014（3）.
[62] 侯丽艳，王天铖. 物权与债权的二元权利体系浅析［J］. 河北工程大学学报（社会科学版），2017，34（4）.
[63] 黄笛. 物债二分体系下网络虚拟财产权的再审视［J］. 社会科学家，2015（4）.

[64] 黄俊辉. 论物权债权二元结构的逻辑矛盾 [J]. 理论月刊, 2009 (10).
[65] 纪海龙. 民法典动产与权利担保制度的体系展开 [J]. 法学家, 2021 (1).
[66] 金可可. 私法体系中的债权物权区分说——萨维尼的理论贡献 [J]. 中国社会科学, 2006 (2).
[67] 金可可. 论支配权概念——以德国民法学为背景 [J]. 中国法学, 2006 (2).
[68] 金可可. 德国民法上的请求权概念 [J]. 求索, 2007 (3).
[69] 金可可. 论绝对权与相对权——以德国民法学为中心 [J]. 山东社会科学, 2008 (11).
[70] 金可可. 持有、向物权 (ius ad rem) 与不动产负担——论中世纪日耳曼法对债权物权区分论的贡献 [J]. 比较法研究, 2008 (6).
[71] 金可可. 基于债务关系之支配权 [J]. 法学研究, 2009, 31 (2).
[72] 金可可. 债权物权区分说的构成要素 [J]. 法学研究, 2005 (1).
[73] 金可可. 对人权与对物权的区分理论的历史渊源——从罗马法的复兴到自然法学派 [J]. 私法研究, 2004 (4).
[74] 李庆海. 论物权的债权化趋势 [J]. 高教论坛, 2006 (3).
[75] 李永军. 物权与债权的二元划分对民法内在与外在体系的影响 [J]. 法学研究, 2008, 30 (5).
[76] 梁上上. 物权法定主义: 在自由与强制之间 [J]. 法学研究, 2003 (3).
[77] 林旭霞. 虚拟财产权性质论 [J]. 中国法学, 2009 (1).
[78] 刘保玉. 民法典担保物权制度新规释评 [J]. 法商研究, 2020, 37 (5).
[79] 刘保玉, 秦伟. 物权与债权的区分及其相对性问题论纲 [J]. 法学论坛, 2002 (5).
[80] 刘凯湘. 物权法原则的重新审视 [J]. 中外法学, 2005 (4).
[81] 龙俊. 中国物权法上的登记对抗主义 [J]. 法学研究, 2012, 34 (5).
[82] 龙俊. 民法典中的动产和权利担保体系 [J]. 法学研究, 2020, 42 (6).
[83] 马俊驹, 梅夏英. 财产权制度的历史评析和现实思考 [J]. 中国社会科学, 1999 (1).
[84] 马俊驹, 梅夏英. 不动产制度与物权法的理论和立法构造 [J]. 中国法学, 1999 (4).
[85] 马俊驹, 梅夏英. 无形财产的理论和立法问题 [J]. 中国法学, 2001 (2).
[86] 梅夏英. 民法上"所有权"概念的两个隐喻及其解读——兼论当代财产权法律关系的构建 [J]. 中国人民大学学报, 2002 (1).

[87] 梅夏英．民法上公示制度的法律意义及其后果［J］．法学家，2004（2）．
[88] 梅夏英，邹启钊．论债权的相对性与不可侵性的关系［J］．烟台大学学报（哲学社会科学版），2005（1）．
[89] 梅夏英．从“权利”到“行为”［J］．长江大学学报（社会科学版），2005（1）．
[90] 梅夏英．民法权利客体制度的体系价值及当代反思［J］．法学家，2016（6）．
[91] 梅夏英．民法典编纂中所有权规则的立法发展与完善［J］．清华法学，2018，12（2）．
[92] 彭诚信，李建华．善意取得合同效力的立法解析与逻辑证成［J］．中国法学，2009（4）．
[93] 冉昊．对物权与对人权的区分及其实质［J］．法学研究，2005（3）．
[94] 冉昊．论“中间型权利”与财产法二元架构——兼论分类的方法论意义［J］．中国法学，2005（6）．
[95] 冉昊．论物权之对物对人之争［J］．政治与法律，2005（5）．
[96] 冉昊．论“义务人知晓”对物权/债权二元区分的改善［J］．法学，2015（3）．
[97] 冉克平．论机动车等特殊动产物权的变动——兼析法释〔2012〕8号第10条的得与失［J］．法学评论，2015，33（4）．
[98] 宋志红．再论土地经营权的性质——基于对《农村土地承包法》的目的解释［J］．东方法学，2020（2）．
[99] 苏永钦．可登记财产利益的交易自由——从两岸民事法制的观点看物权法定原则松绑的界线［J］．南京大学法律评论，2010（2）．
[100] 孙宪忠，常鹏翱．论法律物权和事实物权的区分［J］．法学研究，2001（5）．
[101] 孙宪忠．中国民法继受潘德克顿法学：引进、衰落和复兴［J］．中国社会科学，2008（2）．
[102] 孙宪忠．当前我国民法典分则编纂的几点思考［J］．华东政法大学学报，2019，22（5）．
[103] 唐勇．债权质权：物债二分体系下的“骑墙者”［J］．中外法学，2013，25（6）．
[104] 王利明．论无权处分［J］．中国法学，2001（3）．
[105] 王利明．民法分则合同编立法研究［J］．中国法学，2017（2）．
[106] 王利明．特殊动产物权变动的公示方法［J］．法学研究，2013，35（4）．

[107] 王轶，关淑芳．物权债权区分论的五个理论维度［J］．吉林大学社会科学学报，2014，54（5）．

[108] 王轶．动产善意取得制度一般规定立法化研究———兼评《中华人民共和国物权法》（草案）第111条［J］．政治与法律，2005（5）．

[109] 汪志刚．准不动产物权变动与对抗［J］．中外法学，2011，23（5）．

[110] 王竹．《物权法》视野下的虚拟财产二分法及其法律规则［J］．福建师范大学学报（哲学社会科学版），2008（5）．

[111] 温世扬，武亦文．物权债权区分理论的再证成［J］．法学家，2010（6）．

[112] 温世扬．中国民法典体系构造的“前世”与“今生”［J］．东方法学，2020（4）．

[113] 温世扬，朱海荣．中国民法典对潘德克顿体系的扬弃［J］．苏州大学学报（哲学社会科学版），2020，41（4）．

[114] 温世扬．《民法典》物权编的守成、进步与缺憾［J］．法学杂志，2021，42（2）．

[115] 吴国喆．善意取得制度的缺陷及其补正——无权处分人与善意受让人间法律关系之协调［J］．法学研究，2005（4）．

[116] 谢在全．担保物权制度的成长与蜕变［J］．法学家，2019（1）．

[117] 徐飞．虚拟财产的准占有及其保障——刘波诉上海盛大游戏装备案评析［J］．科技与法律，2009（2）．

[118] 杨立新．物权法定缓和的绝处逢生与继续完善——《民法典》规定“其他具有担保功能的合同”概念价值［J］．上海政法学院学报（法治论丛），2021，36（1）．

[119] 杨立新．民法总则规定网络虚拟财产的含义及重要价值［J］．东方法学，2017（3）．

[120] 叶金强．登记物与非登记物之区分的法律意义［J］．现代法学，2010，32（4）．

[121] 于飞．从农村土地承包法到民法典物权编：“三权分置”法律表达的完善［J］．法学杂志，2020，41（2）．

[122] 于海涌．法国不动产登记对抗主义中的利益平衡——兼论我国物权立法中不动产物权变动模式之选择［J］．法学，2006（2）．

[123] 翟云岭．再论无权处分合同的效力——为《买卖合同司法解释》第3条辩护［J］．法商研究，2015，32（6）．

[124] 张鹏．物债二分体系下的物权法定［J］．中国法学，2013（6）．

[125] 庄加园．登记对抗主义的反思与改造：《物权法》第24条解析［J］．中国

法学，2018（1）.

[126] 郑永宽. 论机动车等特殊动产物权的登记对抗效力 [J]. 法学家，2019（4）.

[127] SMITHH E. Property as the Law of Things [J]. Harvard Law Review，2012，125（7）.

[128] JONES G L ， TUCK R . Natural rights theories: their origin and development [J]. American Political ence Review，1979，74（4）.

[129] MERRILL T W ， SMITH H E . Optimal standardization in the Law of Property: the numerus clausus principle [J]. The Yale Law Journal，2001.

[130] M. N. S. SELLERS. Legal Scholarship and Doctrines of Private Laws，13th-18th Centuries [J]. American Journal of Legal History，1998，42（1）.

[131] 高启耀. 论交付 [D/OL]. 大连：大连海事大学，2017 [2024-01-12]. https://kns.cnki.net/kcms2/article/abstract? v=mRajgomPiilob_nJXdo1EgGq_julLu0qpxFDOs__fOQ12t8XwSgv5L9-In2_g8Km6s3iudaSqvfQbndtwJRuR62atmnho380WgWFTk5CHuVp2Xu0z_tv8xl3NPSLvNg7QU-a-6HT7ua6FGIqU8rBIw==&uniplatform=NZKPT&language=CHS.

[132] 蒋光辉. 物权公示效力论——为公示对抗主义辩 [D/OL]. 武汉：武汉大学，2013 [2024-01-12]. https://kns.cnki.net/kcms2/article/abstract? v=mRajgomPiileqV35V9pO3xt9CZep5SgQRLq8ewuP7c2OhehUgGG4aNjCQbGerMwzGRo8A1CdfchkfI6VjITUT14ttloyXmzQh2GNMeAhP63drw2eHHETp2Rp2cJ4CZCMFrO59JTCJCgv5ob4sbNNDQ==&uniplatform=NZKPT&language=CHS.

[133] 金可可. 论债权与物权的区分——以德国法的学说史为中心 [D/OL]. 北京：中国社会科学院研究生院，2004 [2024-01-12]. https://d.wanfangdata.com.cn/thesis/J0036942.

[134] 马栩生. 登记公信力研究 [D/OL]. 武汉：武汉大学，2005 [2024-01-12]. https://kns.cnki.net/kcms2/article/abstract? v=mRajgomPiil5PjwCmMwGXStJ-32BcsApT3zd3jn3jC60tWvMsa3UrNQuhv2_ss8z_xUUSbKAnSaswO_Y2gCoXnsif2x_rKhMz204iNZhUNXZKim2lZjwiFFED2pjBbGIHbIjoFPT0I8ZkIz71IAVOQ==&uniplatform=NZKPT&language=CHS.

[135] 宋江涛. 物权变动的区分原则研究 [D/OL]. 北京：中国社会科学院大学，2017 [2024-01-12]. https://kns.cnki.net/kcms2/article/abstract? v=

mRajgomPiilKlcJBLv5QYARY6ptOZLJc2i4Sm95xCMl1ZJlvujMPqXGmEG6UNYFtLQ7VF20muHYBfq1Tw7mUI-MzyE8lxN5xlEhKYSnF9HTiU_XvFLDPAhng21XPryOfntZhSDq_8nHLj6VieMin-A== &uniplatform=NZKPT&language=CHS.

[136] 田士永. 物权行为理论研究——以中国法与德国法之比较为中心 [D/OL]. 北京：中国政法大学，2000 [2024-01-12]. https://kns.cnki.net/kcms2/article/abstract?v=mRajgomPiil7sZUiVnWEFBa5mvcm3V5BUrzry59gl6hL1cSvwo7LhXZw82MxsHg6UuFRelrWiL3vXvHsONy4emCc3SgLtloROgVD9teTp4SAqQOjEDCi9_Ar4Wlfa3wsb65rNhxSKxBofyldnLaNcg== &uniplatform=NZKPT&language=CHS.

索引